Paul Schwarzenau · Korankunde für Christen

Wenn Mohammed als der letzte Prophet bezeichnet wird, dann wird dem Koran damit der Charakter der abschließenden Offenbarung zugesprochen. Die Koranoffenbarung ist der letzte geschichtsbegründende und -beschleunigende »Richtungsstoß«, um mit Lessing zu reden, den Gott seiner Menschheit gab. Von diesem letzten Impuls her hat die Menschheit sich dann mehr und mehr selbständig, unter Gebrauch ihrer Vernunft autonom entwickelt. Der Koran ist zugleich das letzte antike und das erste moderne Buch. Im Zusammenhang damit ist an den mächtigen Geschichtsimpuls zu denken, den der auf dem Koran fußende Islam dem Abendland für die Bildung eines modernen Bewußtseins gegeben hat.

Paul Schwarzenau

Korankunde für Christen

Ein Zugang zum heiligen Buch der Moslems

E.B.-Verlag Rissen

Meiner Frau

CIP-Kurztitelaufnahme der Deutschen Bibliothek

Schwarzenau, Paul:
Korankunde für Christen: ein Zugang zum heiligen
Buch der Moslems/Paul Schwarzenau.-
2., erw. Aufl. - Hamburg: E.B.-Verlag Rissen, 1990
ISBN 3-923002-53-X

2. Auflage
© E.B.-Verlag Rissen 1990
Gestaltung: Hans Hug
Gesamtherstellung: SOAK Druck, Hannover
ISBN 3-923002-53-X

Inhalt

Vorwort	3
Vorwort zur 2. Auflage	7
Vor dem Koran	11
Um den heiligen Stein	29
Der Prophet	43
Der Richter und Schöpfer der Welt	59
Die Gesandten	73
Jesus	91
Das Siegel der Propheten	113
Literaturnachweis	127
Einige Begriffe und Namen	129
Begriffs- u. Namensverzeichnis	133
Zeittafel	160

Vorwort

Es ist eine tiefe Scheu, um nicht zu sagen eine geheime Angst, die Christen davon abhält, im Koran zu lesen. Meist ist diese Scheu unbewußt, fast immer aber wirksam. Ein Schatten der Empfindlichkeit und der Voreingenommenheit fällt auf das heilige Buch des Islam, das man sich in der Hand eines Fanatikers vorstellt, der der Welt das Gesetz seiner Religion aufzwingen will. Man sollte meinen, daß schon die Neugierde ihr Teil dazu beitragen müßte, das Buch zu lesen, das mit der Bibel wetteifert. Doch stoßen wir wohl gerade dann auf das Gefühl peinlicher Nähe, das man Doppelgängern gegenüber empfindet. Bestreitet doch der Koran schon durch seine Existenz die Einzigkeit der Bibel. Manchem mag die Beschäftigung mit dieser heiligen Schrift wie eine Versuchung zur Apostasie, zum Abfall vom Glauben, vorkommen. Ist der Koran nicht das Buch, aus dem der falsche Prophet spricht, das die Gottessohnschaft Jesu bestreitet, die Dreieinigkeit Gottes bekämpft und der Bibel Irrtümer und Fälschungen unterstellt?

Auch in moralischer und rechtlicher Hinsicht scheint es mit dem Buch nicht zum besten bestellt zu sein. Erlaubt es den Männern doch vier Frauen und befiehlt, den Dieben die Hand abzuhacken, was als Ausdruck besonderer Härte und Grausamkeit gilt. Dabei übersieht man, daß man im christlichen Mittelalter die Diebe henkte. Überhaupt bilde der Koran einen Rückfall in starre Gesetzlichkeit und unduldsamen Geist, sehr im Unterschied zum Evangelium, das Liebe und Sanftmut predige. Rufe er nicht zum Krieg auf für ein irdisches Reich im Namen der Religion? Christus aber habe gesagt: »Mein Reich ist nicht von dieser Welt.«

Hinter all diesen »Urteilen« hält sich ein Gefühl der Bedrohung, das geschichtliche Wurzeln hat. Es ist die Angst, vom Islam »überrollt« zu werden, wie das, nach christlicher Sicht der Geschichte, schon zweimal geschehen ist. 732 – nur hundert Jahre nach Mohammeds Tod – besiegte Karl Martell die Araber bei Tours und Poitiers und brachte damit den ungeheuren Siegeszug des Islam über die Hälfte der Christenheit zum Stehen. 1529 erschienen die Türken und mit ihnen der Islam vor Wien. Noch im gleichen Jahr schrieb Luther seine »Heerpredigt wider den Türken«, in der er den Koran als antichristliche Lästerung im Sinne von Daniel 7 bezeichnet, der »lauter menschliche Vernunft ohne Gottes Wort und Geist« sei. »›Er wird sich unterstehen Gesetz und Ordnung zu ändern‹ (Daniel 7, 25), nämlich Gottes Ordnung – das Evangelium und die christliche Lehre.«

Der tiefste gefühlsmäßige und zugleich theologische Einwand gegen den Koran aber dürfte für den Christen in der Frage bestehen: Wie kann *nach* Christus eine weitere Offenbarung Gottes überhaupt möglich sein? Eine Offenbarung, die die Aussagen der Bibel korrigieren, ergänzen und vollenden will? Ist Christus nicht das Ende aller Religion, ja in einem bestimmten Sinn das Ende der Zeit?

Ist dann aber der Gott, der im Koran spricht, überhaupt eins mit dem Gott der Bibel? Marius Baar bestreitet das in seinem 1979 erschienenen Buch »Das Abendland am Scheideweg. Versuch einer Deutung der endgeschichtlichen Prophetie« in der schroffsten Weise. Einst standen, heißt es dort, um die Kaaba, das Haupttheiligtum des Islam, 365 Götzen. (Die richtige Zahl ist 360.) Einer von diesen sei Allah gewesen, der die anderen verdrängte. Er war der Gott des schwarzen Steins, eine Art Wüstendämon, der in dem Stein wohnte. Bei einem heidnischen Opferfest in Mekka sei Mohammed vor die Menge getreten, habe auf die Kaaba gezeigt und gesagt: »Es ist kein Allah, außer Allah ist Er!« Dieser Ausspruch sei später in »Es ist kein Gott außer Allah« geändert worden. Mohammed habe gar keine Offenbarung von Gott empfangen, sondern sich nur einen von den 365 Götzen ausgewählt. »Der eigentliche Kern des Islam«, zitiert Baar dann Konrad Meyer (»Der Nahe Osten in die Entscheidung gestellt«), »liegt in dieser Bindung an Allah, den obersten Dämon. Die Menschen, die sich diesem Geist hingeben, werden Gebundene Satans« (S. 61f.). »Allah ist für Mohammed«, heißt es bei Baar, »ein seelenloser, starrer Gott ohne Erbarmen. Ein solcher Gott duldet nur sein eigenes Bild. Für ihn ist der Mensch ein rechtloser Sklave ohne Entscheidungsfreiheit. Dieser Gott fordert von aller Kreatur Unterwerfung und Anbetung; er ist die vollendete Selbstsucht, ein grausamer und liebloser Tyrann, der nur fordert. Dieser Gott ist ein Fatum (Schicksal), und die falsche Lehre des Islam führt unweigerlich zur Erstarrung in einem düsteren Fatalismus.«

Diese extreme Auffassung werden sich wohl nur wenige zu eigen machen, obgleich sie weitverbreitete Ängste überdeutlich anzeigt. Daneben besteht die wohlmeinende Ansicht, Gott habe sich zwar im Koran offenbart, doch gleichsam zum herabgesetzten Preis. Als Antwort auf ein in Macht- und Dogmenstreit zerfallenes Christentum habe Gott den Propheten Mohammed berufen, um die Christenheit zu strafen und den polytheistischen Stämmen wenigstens auf diesem Wege den Eingott-Glauben zu bringen. Auf keinen Fall könne die koranische Botschaft sich mit der biblischen messen. Ihre Kenntnis der alt- und neutestamentlichen Überlieferung sei aus zweiter Hand. An die Stelle der echten Erzählungen seien jüdische und christliche Legenden getreten, oft in entstellter Form. Das koranische Gottesbild stehe in jeder Hinsicht unter dem biblischen, insbesondere dem neutestamentlichen. In ethischer Hinsicht reiche der »gesetzliche« Koran nicht an das die ganze Menschenperson fordernde unbedingte Liebesgebot Jesu heran. Im Grunde genommen bilde die koranische Botschaft eine völlig unoriginelle Lehre, die sich eigenartigerweise zur Weltreligion entwickelt habe, »ohne auch nur einen einzigen neuen Gedanken zu bringen«, meint Martin Schlunk (Die Weltreligionen und das Christentum, S. 87). Ihr Bestes verdanke sie dem Christentum, zum Teil aber in erheblicher Verzerrung und phantastischer Weiterbildung. Es könne daher »kein Zweifel sein, daß der Islam eine dem Christentum keineswegs ebenbürtige Religion ist. Von einem gegenseitigen Austausch kann keine Rede sein« (S. 97). Unter diesen Umständen würde es sich für einen Christen freilich kaum lohnen, sich näher auf den Koran einzulassen.

Wir sind solchen tief eingewurzelten Mißverständnissen und Fehlurteilen gegenüber, zu deren Abbau dieses Buch beitragen will, der Meinung, daß Judentum, Christentum und Islam auf eine uns heute dringlich bewußt werdende Weise zusammengehören und miteinander eine Ganzheit bilden. Die drei monotheistischen Religionen weisen wechselseitig aufeinander hin. Eine ergänzt die andere, ein Geheimnis, das sich erst im Eschaton, in der Vollendung der Zeiten, ganz erschließen wird. Jede ist gleichursprünglich und gleichwertig, wie denn auch jede den Versuch gemacht hat, sich als die eigentliche und älteste Religion der Menschheit darzustellen. Dieser Gedanke ist wahrer als der historische, der eine Religion erst mit einem bestimmten Geschichtsdatum beginnen läßt. (Einen Gesamtentwurf meiner religionsökumenischen Vorstellungen habe ich in meinem Buch »Der größere Gott. Christentum und Weltreligionen«, Stuttgart 1977, dargestellt. Das Buch ist inzwischen auch als Heyne-Taschenbuch in der Reihe »Religion und Glaube« unter dem Titel »Christentum und Weltreligionen« erschienen.)

Für die Wiedergabe der Koranstellen kam es mir darauf an, rhythmische Texte herzustellen, die es zugleich gestatten, koranische Knappheit und Ausdrucksprache wenigstens anklingen zu lassen. In der Zählung der Verse habe ich mich an die sogenannte kufische Verszählung der offiziellen ägyptischen Koranausgabe gehalten, die auch der Paretschen Koranübersetzung zugrunde gelegt worden ist.

Dortmund, im August 1981   *Paul Schwarzenau*

Vorwort zur 2., erweiterten Auflage

Zu Beginn möchte ich zwei entgegenstehende Meinungen zur Erstausgabe meiner „Korankunde für Christen" voranstellen, eine aus christlicher und eine aus moslemischer Sicht. Auf christlicher Seite bezeichnet M. Mildenberger (in: CIBEDO-Dokumentation, Nr. 17, Dez. 1982) die „Korankunde" als „ein ungewöhnlich interessantes, zugleich zwiespältiges Buch". Der Autor „geht an allen traditionellen Türen zum heiligen Buch des Islam vorbei. Er nimmt nicht den Zugang der gläubigen Muslime, für die der Koran das authentische Gotteswort ist", noch den der klassischen westlichen Wissenschaft. Stattdessen sieht er „in den koranischen Texten religiöse Grunderfahrungen widergespiegelt, die zwar Muhammeds eigenes Erleben und seine religiöse Umwelt reflektieren, die sich aber einer tiefenpsychologischen Betrachtung als archetypische Erfahrungen von allgemeiner Gültigkeit erschließen." Der Rezensent vermag diesem Ansatz zwar eine Strecke zu folgen, dann aber weiß er es ganz genau: „Vor allem aber weckt das Buch Unbehagen im Blick auf die Muslime selbst und ihr Verständnis des Korans. Sie werden sich, ihrer offenbarungstheologischen Tradition folgend, vehement gegen den tiefenpsychologischen Zugang sträuben, der ihnen hier angetragen wird, und darin einen Verrat an der Göttlichkeit des Wortes sehen. Was hilft aber uns Christen ein Zugang zum Koran, der am muslimischen Selbstverständnis vorbeigeht?"

Hingegen schreibt der deutsche Moslem Murad (Wilfried) Hofmann in Al-Islam (1.12.1983): „Diese Einführung nicht nur in den Qur'an, sondern in den Islam schlechthin, ist das Beste, was der Sache Allahs in Deutschland in jüngster Zeit zustoßen konnte." Er empfiehlt daher jedem deutschen Muslim, sich von diesem Buch einige Exemplare zu bestellen, „um es an Kritiker wie an Sympathisanten des Islam zu verschenken." Das ist denn auch, wie ich habe erfahren können, in reichem Maße geschehen. Murad Hofmann geht gleich auf den Kern ein, wenn er schreibt: der Autor „fand den Zugang zu den Wahrheiten des Qur'ans über die Tiefenpsychologie C.G. Jungs. Er findet seine Aussagen ausnahmslos in Übereinstimmung mit dem kollektiven Unbewußten und begreift sie als archetypisch richtig. Dies führt ihn zu der Annahme, daß der Qur'an in der Tat reine, ungeschaffene Wahrheit ist — übergeschichtlich und geschichtlich zugleich, von zeitloser, geraffter Wahrheit." Der Autor gelange „schließlich zu Überzeugungen, die ihn aus muslimischer Sicht zum Muslim machen." So die Auffassung, daß der Islam die älteste Weltreligion (Urmonotheismus) und die jüngste zugleich sei, die Zurückhaltung gegenüber der Wesens-Trinität und die Ansicht, daß der Qur'an in der archetypischen Schilderung der biblischen Überlieferung sozusagen der ältere Bericht sei. In seinem „Tagebuch eines deutschen Muslims" (Islamische Bibliothek,

Köln 1985) bezeichnet er die „Korankunde für Christen" schließlich als „Erfolgsmeldung für den Islam".

Ich füge eine weitere muslimische Stimme hinzu. Ebenfalls in Al-Islam schreibt Fatma Kölling über mein Koran-Buch: „Mag es zunächst für Christen geschrieben sein, so erscheint es mir steckenweise wie eine Einübung zum rechten Lesen des Qur'ans gerade für uns deutschsprachige Muslime, die wir ja größtenteils aus dem christlichen Umfeld und abendländischen Denken kommen. Der Qur'an erschließt sich dem Neuling, dem ungeübten Leser nicht ohne Bemühen." Schließlich heißt es dort noch: „Es gehört zum Dialog, daß Unterschiede und Grenzen der Gemeinsamkeit bleiben, auch das wird offen angesprochen, ohne zu vertuschen, aber auch ohne zu verletzen. Man kann das Buch nicht lesen, ohne zugleich den Qur'an zur Hand zu nehmen und wird feststellen, daß man eigentlich nicht zu Ende kommt, man wird immer neue Deutungen und Ausblicke finden ... Alles in allem ein befreiendes Buch, das nicht nur Vorurteile abbaut, sondern Klarheit schafft."

Bemerkenswerterweise ist auch von Seiten der Freimaurer ein zustimmendes Wort eingetroffen. Von dieser Sicht her schreibt M. Kessler in „Eleusis" (6/1982): „Zur Auslegung der religiösen Texte bedient sich Schwarzenau sehr weitgehend der Archetypen-Lehre von C.G. Jung, was das Verständnis erleichtert. Da wir alle vom Koran und dem Islam viel zu wenig wissen, ist die „Korankunde" Schwarzenaus nicht nur Christen, sondern auch Nicht-Christen zu empfehlen."

Selbst die „Allgemeine Homöopathische Zeitung" (4/1985) geht an der „Korankunde" nicht vorüber, sie sieht darin für den deutschen Arzt einen wertvollen Helfer „zum besseren Verständnis der Mentalität seiner islamischen Patienten, so daß diesem Buch eine weite Verbreitung zu wünschen ist." (Köhler).

Im ganzen wird in den zahlreichen Rezensionen, die bei mir eingetroffen sind, immer wieder betont, daß das Buch durch die Archetypen-Lehre dem Brückenschlag zwischen den beiden Weltreligionen und einem vertieften Verständnis des Korans diene.

Die Archetypen oder Urbilder haben ihren Ursprung in Gott selbst, in seinem ewigen Wort oder Ur-Koran, der mit Gott koäter n (gleichewig) ist. Es dient einem vertieften Verständnis des Dialogs, wenn wir hier in die Betrachtung über diesen Ur-Koran, wörtlich: „die Mutter des Buches" in Sure 43,4 genannt, eintreten. Einen weiteren Bezug auf dieses Ur-Wort Gottes enthält Sure 85, 21-22, die von einem „preiswürdigen Koran auf einer wohlverwahrten Tafel" spricht. Dieser Ur-Koran ist von Ewigkeit her existent und somit nicht geschaffen. Demgegenüber ist „die den Menschen vorliegende schriftliche oder mündliche Wiedergabe des Korans zeitgebunden und der Sphäre des Irdischen zuzurechnen" (so R. Paret in: Der Koran, Wege der Forschung, Darmstadt 1975). Es kommt also zu einer Unterscheidung zwischen dem Koran und dem Wort Gottes (kalam Allah). Der Koran wäre in diesem Fall der arabische Koran, das Wort Gottes der Ur-Koran.

Vom Wort Gottes oder Ur-Koran sagt der islamische Theologe Al-Baqillani: „Dem ewigen Wort Gottes kommen nicht Buchstaben und Laute zu, noch sonstige Prädikate der Kreatur, Gott bedarf bei seinem Wort keiner (Sprach-)Organe noch Werkzeuge... In seiner Heiligkeit ist er über dies alles erhaben und sein ewiges Wort nimmt nicht Platz in etwas Kreatürlichem" (ebd.). Als Vermittler aus dem Ewigen in das Zeitliche dient Gabriel. Zur Vermittlung gehört auch die Sprachform des Arabischen. Denn Gott spricht weder Arabisch noch irgendeine menschliche Sprache. „Das eigentliche Wort (Gottes)", so Al-Baqillani, „ist der Sinngehalt..., der sich im (göttlichen) Selbst befindet" (ebd.).

Das ewige Wort oder der Sinngehalt, der sich wesensmäßig im göttlichen Selbst befindet, heißt in der christlichen Überlieferung der Logos (Johannesevangelium 1,1). Der Ur-Koran entspricht also dem ewigen Logos, dem ungeschaffenen Wort Gottes, das sich nach christlichem Glauben personal in dem Christus Jesus wie in einem irdischen Gefäß offenbarte. Der ewige Ur-Koran und der ewige Logos entsprechen einander auf der metaphysischen, der arabische Koran und der historische Jesus einander auf der irdischen Ebene. Der personalen Offenbarung des ewigen Worten in Christus tritt die buchhafte, sprachhafte, ja sogar mantrahafte im arabischen Koran komplementär zur Seite. Es besteht vermutlich eine Komplementarität zwischen Christusoffenbarung und Koranoffenbarung, wie in der Physik das Licht nur durch zwei komplementäre Begriffe beschrieben werden kann: Teilchen und Welle. Um dieser Komplementarität willen habe ich die „Korankunde" in allererster Linie geschrieben. Die eigene Überlieferung wird so vervollständigt. Das tritt am deutlichsten da hervor, wo der neutestamentlichen Sohn-Gottes-Christologie die koranische Knecht-Gottes-Christologie gegenübertritt. Das ist logisch unvereinbar wie Welle und Teilchen und macht doch die *ganze* Überlieferung aus. Wenn uns im Koran ursprünglich judenchristliche und judenchristlich-gnostische Überlieferungsströme wieder beggenen, sollten wir dafür dankbar sein. Es ist da und dort gemeint worden, der Verfasser stelle diese Traditionen über die kanonischen des Neuen Testaments. Komplementarität ist nicht Bevorzugung, sondern Ergänzung.

Der Neuausgabe wurde ein Koranstellen-, ein Begriffs- und Namensverzeichnis und eine Korankonkordanz beigefügt. Für die Herstellung derselben sei Herrn Peter Busch und Herrn Dr. Hans-Jürgen Brandt an dieser Stelle herzlich gedankt.

Dortmund, im Juli 1989   Paul Schwarzenau

Vor dem Koran

Der Koran macht es dem, der sich ihm nähern will, nicht gerade leicht, einen Zugang zu seinem Gehalt zu finden. Auf den ersten Blick scheint der Leser einer ungeordneten Masse von Sentenzen, Bildern und Erzählungen gegenüberzutreten, die eher ein Konglomerat als ein richtiges Buch ergeben. Darstellungen von hoher poetischer Kraft und Schönheit wechseln mit juristischen Themen, die ein Gefühl der Öde erregen können; dazu kommen Wiederholungen über das ganze Buch hin und abgerissene Geschichten, die einem nie in ihrer vollständigen Gestalt begegnen, sondern wie zitiert erscheinen, als wüßte der Leser bereits im voraus, worum es sich handelt. Ausgeschlossen, daß es dem Anfänger gelingen könnte, einen Aufbau des Ganzen zu erkennen, der mehr ist als nur eine äußerliche Aneinanderreihung von Abschnitten oder Suren. Selbst die Gliederung einer einzigen größeren Sure läßt sich nur schwer aus einem inneren Prinzip begreifen. Den Bibelleser verwirrt überdies die Verfremdung ihm bekannter Überlieferungen; der rhetorische Schwung der unendlichen Gottesrede im Koran scheint ihm zuweilen den Charakter einer endlosen Suada anzunehmen, dergegenüber er sich in den epischen Tonfall der Bibel zurückwünscht.

Mancher mag bei diesem ihn befremdenden Eindruck stehenbleiben und den Koran beiseite legen. Wer aber nicht aufgibt und ihn als Ganzes zunehmend auf sich wirken läßt, der wird einer ungeheuren Wandlung innewerden, die mit dem Buch und dem, der es liest – oder richtiger: hört und schaut –, geschieht. Es ist dann, als ob sich die vielen kleinen und größeren Splitter von Sprüchen, Erzählungen und Bildern, aus denen der Koran besteht, zu einem von innen durchleuchteten, unendlich facettierten, übergroßen Juwel zusammensetzten, das, nach allen Richtungen strahlend, sich in einer unendlichen Drehung befindet. In jedem Anschliff des Steins leuchtet ein Bild auf, ein archetypisches Bild, um dann, in der Drehung des Steins, in neuem Anschliff neu zu erscheinen.

Verdeutlichen wir es uns an einem Beispiel. In 28 Suren taucht die Gestalt Noahs auf. Man könnte aus der so häufigen Erwähnung auf eine gewisse Monotonie der Wiederholung schließen. Aber das ist gerade nicht der Fall. Im Gegenteil. In immer neuer Beleuchtung, Akzentuierung und Zuordnung treten Noah und sein Volk hervor, ein Thema in schier unerschöpflichen Variationen. Bald ist die Erzählung von ihm nur angerissen, bald als dramatisches Gemälde ausgeführt. Zuweilen sind bloße Andeutungen in einen Text hineingesprengt.

Da wird Noah – Sure 54 – von seinen Landsleuten für besessen erklärt. Davon eingeschüchtert, wendet er sich an Gott: »Ich bin unterlegen, hilf dir selber!« Was soviel heißt wie: Gott solle sich und ihn an seinen Landsleuten rächen. Gott läßt die Flut kommen und verlädt Noah auf ein Schiff mit Planken und Nägeln, das nun unter Gottes Obhut dahinfährt. Schließlich heißt es: Gott habe das Schiff als Zeichen zurückgelassen. Das Schiff, wie die Arche im Koran heißt, ist in dieser Darstellung, wenn man sie isoliert nimmt, wie durch ein Wunder vorhanden und steht zuletzt, expressionistisch groß, vor den Augen der Menschheit da als ein Zeichen und eine Warnung. In Sure 71 tritt – man muß wieder sagen: in expressionistischer Zeichnung – das Volk hervor, das sich die Ohren mit den Fingern zustopft und sich die Gewänder über den Kopf zieht, um den Gesandten Gottes nicht hören zu müssen. Dabei werden die altarabischen Götter Wadd, Suwa, Yaghuth, Ya'uq und Nasr als die Götter der Leute Noahs genannt. Das Ganze ist in ein Gebet Noahs eingebettet: Gott möge keinen von diesen Ungläubigen am Leben lassen, die sonst noch Gottes Diener in die Irre führen und nur Sünder und Ungläubige in die Welt setzen.

In Sure 50 werden die Leute Noahs in einer Kette mit anderen Stämmen genannt, wobei die außerbiblischen überwiegen. Da ist die Rede von den Leuten des Brunnens, den Thamud, den Leuten des Dickichts, den Ad, den Leuten des Tubba, die alle die Gesandten Gottes der Lüge zeihen. In Sure 26 gewinnt die Auseinandersetzung mit dem Volk neue Dramatik, indem es Noah vorwirft, daß seine Anhänger nur den untersten Bevölkerungsschichten entstammten. Das Volk droht, ihn mit Steinwürfen zu verjagen. Zuletzt finden auch seine Anhänger Rettung auf dem beladenen Schiff. »Die andern aber ertränkten wir«, heißt es in Sure 37 wie mit lässiger Handbewegung. In Sure 23 treten die Vornehmen seines Volkes auf und weisen ihn zurück: er sei nur ein Mensch wie sie. Noah aber erhält den Befehl, unter Gottes Augen und unter seiner Eingebung das Schiff zu bauen. Bald aber »kocht der Ofen«; denn siedend heiß ist das Wasser der Flut. In Sure 11 verspotten ihn die Vornehmen, während er das Schiff baut. Als die Flut hereinbricht, fährt Noah auf einer Woge dahin, die hoch wie die Berge ist. Noahs Sohn, der sich auf eigene Faust in die Berge retten will, wird von der Woge erfaßt und ertränkt. Gott habe doch Noahs Familie zu retten versprochen? Da wird Noah die Auskunft, daß der Ungehorsame nicht zu seiner Familie gehöre. Auf dem Berg al-Dschudi landet das Schiff.

Was für Noah gilt, gilt entsprechend für Abraham, für Lot, für Mose oder für Hud, Salih und Schuaib, die außerbiblischen Gesandten im Koran. Sure auf Sure wird immer wieder eine ganze Kette von Gesandten genannt, alle mit einer bestimmten Botschaft Gottes an ihr Volk beauftragt, als sei dies das eigentliche Wesen der Menschheitsentwicklung, daß Gesandte in jedem Volk erscheinen, das damit in die kritische Phase seiner Geschichte eintritt. Auch hier gilt wieder das Prinzip expressionistischer Zeichnung, die das Wesentliche heraushebt und ihm dadurch einen archetypischen Charakter verleiht. Zeitlich Bestimmtes und zeitlos Typisches bleiben unscheidbar ineinander verschränkt, als handle es sich um eine Begegnung mit den Urbildern aller Geschichte, die sich in jedem Gesandten neu konstellieren.

Heinrich Speyer hat in seinem Buch »Die biblischen Erzählungen im Qoran« eine zusammenhängende Darstellung der über den ganzen Koran verstreuten Einzelelemente herzustellen versucht. Eine solche Arbeit hat sicher ihren Wert und ist geeignet, Zusammenhänge deutlich zu machen. Trotzdem hat man den Eindruck, als sei damit jene unvergleichliche Lebendigkeit zerstört, die jedem Einzelelement an seinem Ort zukommt, und damit jene blitzende Lichtwirkung, die vom Koran ausgeht.

Es ist wirklich, als ob sich das Urlicht in den lebendigen Bildern der Welt und der Geschichte bricht. Das, was dem ordnenden Verstand als willkürliche Anordnung erscheint, enthüllt sich als lichthafte Hintergrundsordnung der Wirklichkeit. Da ist die an den Anfang gestellte Sure al-Fatiha (die Öffnende), die uns mit ihren nur sieben Versen sogleich in die Höhe erhebt zu dem Herrn der Menschen in der Welt, dem Erbarmer, dem Barmherzigen, dem Herrscher am Tage des Gerichts, daß er uns den Pfad derer leite, denen er gnädig ist, und nicht den Pfad derer, denen er zürnt und die irregehen. Das Buch schließt mit den Bitten aus der Tiefe um Schutz vor dem Übel und Dunkel, dem Bösen und Dämonischen in der Welt, »vor dem Unheil dessen, was er schuf« (Sure 113), »vor dem Unheil der Einflüsterung in die Brust der Menschen von einem Heimtückischen, sei es von einem Dschinn oder Menschen« (Sure 114).

Da die einzelnen Suren, äußerlich gesehen, meist entsprechend der Länge aneinandergereiht wurden, beginnt der Koran nach der vorangestellten al-Fatiha mit der längsten Sure überhaupt (Sure 2), die 286 zum Teil sehr lange Verse enthält, und schließt mit der knappen Sure 114, die nur aus sechs äußerst kurzen Versen besteht. Die Anordnung nimmt zwar auf den Zeitpunkt der Entstehung keinerlei Rücksicht, doch kann man sagen, daß die langen Suren eher einem späten, die kurzen hingegen einem frühen Moment der Inspiration entsprungen sind. Wir steigen so gleichsam in gewundenen Bahnen mit der fortschreitenden Lesung immer mehr in die Zeittiefe der prophetischen Inspiration hinab. Die vermutlich erste Sure, die der Prophet empfing, Sure 96, steht fast am Ende des Buchs; sie drückt vermutlich das Berufungserlebnis aus, wenn ihm zugerufen wird: »Lies im Namen deines Herrn, der erschaffen hat!« (Vers 2). Am Anfang aber, in Sure 2, steht der deutliche Hinweis auf das Buch, den Koran, dem die zentrale Stellung im islamischen Glauben zukommt:

»Dies ist das Buch – daran ist nichts zu zweifeln –,
eine Führung für die Frommen,
die an das Verborgene glauben,
das Gebet verrichten und von dem,
was wir ihnen gaben, spenden,
und die glauben an das,
was herabgesandt ward auf dich
und was herabgesandt ward vor dir,
und des Jenseits gewiß sind.
Die folgen der Führung ihres Herrn,
ihnen wird's wohl ergehn.« V. 2–5

Man pflegt die Ausdrucksweise der späten Suren geringer einzustufen. Die Sprache fließe breiter dahin und nähere sich einem rein rhetorischen Stil. Demgegenüber stellten die frühen Suren Ausbrüche glühender Inspiration und visionärer Sprachmacht dar. Auch das äußere Gewand der arabischen Reimprosa löse sich immer mehr auf, die Abstände zwischen den Reimworten vergrößerten sich, und die erwünschte Offenbarung stelle sich auf Kommando ein. Nimmt man jedoch den Koran als ein Ganzes, dann wird man weder das eine noch das andere vermissen wollen. Der ruhigere Stil der späteren Suren eröffnet weite Landschaften. In hellem Licht liegen die Ereignisse der Heilsgeschichte da, oder es zeigen sich die Bilder der Schöpfung, wie sie aus Gottes Schaffen immer neu hervorgehen. Da sind die Feuer der Hölle und die kühlenden Gärten des Paradieses. Da erhebt Gott die Himmel und besteigt seinen Thron, zwingt Sonne und Mond in seinen Dienst. Und da liegt unter der Höhe der Würfel, das Heiligtum mit dem schwarzen Stein, Versammlungsort und Bethaus für die Menschen, dessen Grundmauern Abraham und Ismael aufrichteten.

Geht man nun mehr und mehr in die Zeittiefe des Korans hinein, so begreift man, daß dem Urlicht, das in unendlichen Bildern und Bildsplittern aufleuchtet, eine ungeheure Eruption zugrunde liegt. Man geht geradezu in diese Eruption hinein. Es ist wie das Hervorbrechen eines Feuers aus dem Innern des Propheten, aus dem Innern der Welt und dem Innern Gottes.

»Und was macht dich wissen, was das bedeutet?
Glühendes Feuer!«　　　　　　　　　　　Sure 101, 10f.

Und es ist zugleich auch wieder, als senke sich tiefer und tiefer eine wundersame Nacht herab, darin die Sterne aufgehen und sinken, die besser sind als tausend Monde: Die Engel und der Geist steigen in ihr hernieder, bis die Morgenröte aufgeht (Sure 97). Und dem Menschen wird die Brust geweitet für das Leichte und das Schwere (Sure 94).

»Gott ist das Licht der Himmel und der Erde.
Sein Licht ist gleich einer Nische mit einer Lampe darin.
Die Lampe ist in einem Glas,
das ist wie ein strahlender Stern.
Sie wird angezündet von einem gesegneten Baum,
einem Ölbaum,
der weder im Osten noch im Westen,
dessen Öl fast leuchtet,
auch wenn kein Feuer es berührt hat –
Licht über Licht!
Gott führt zu seinem Licht, wen er will,
und macht Gleichnisse für die Menschen;
Gott weiß alle Dinge.«

Sure 24, 35: der Lichtvers

Trotzdem fällt es schwer, anzunehmen, daß bei der Anordnung des Korans nur ein äußerliches Prinzip eingewirkt haben soll. Da steht gleich zu Anfang der gewaltigen Sure 2 – V. 30ff. – und damit zu Anfang des Korans die Eröffnung Gottes, daß er einen Statthalter, einen Kalifen oder Nachfolger seiner selbst, auf der Erde einsetzen wolle, den Menschen. Entsetzt fahren die Engel auf: »Willst du denn etwa einen einsetzen, der Unheil auf ihr anrichtet und Blut vergießt?« Und der, der weiß, was die Engel nicht wissen, legt in Adam sein Wissen hinein: »Er lehrte Adam alle Namen« (V. 31). Und er befiehlt, daß sie, die Engel, vor Adam sich niederwerfen, der aller Dinge Namen und damit Wesen zu nennen vermag. Der Mensch hat Würde, vor der sich selbst die Engel zu beugen haben, weil der Mensch das Wissen der Wirklichkeit existentiell zu wissen empfangen hat, weil er schuldig werden kann und darum unter dem Primat der praktischen Vernunft steht. Indem in Adam präexistentiell alle Menschen enthalten sind, also die gesamte Menschheit, möchte man bei dem in Adam hineingelegten Wissen Gottes an jene tiefere Schicht archetypischen Wissens denken, das als das sogenannte kollektive Unbewußte allen Menschen gemeinsam ist. Die koranische Überlieferung berichtet weiter, daß sich Iblis, der Diabolos, geweigert habe, vor Adam niederzufallen, da er aus besserem Stoff (Feuer) als der Mensch (Erde) gemacht sei. Seither ist Feindschaft zwischen Iblis und den Menschen gesetzt; des Menschen Leben steht nach dem Willen Gottes unter dem Kampfgesetz. Die christliche Parallellegende erzählt, der Teufel habe sich geweigert, sich vor dem präexistenten Christus niederzuwerfen, als dieser den Entschluß zur Menschwerdung gefaßt hatte. Hier wird der Mensch durch Christus vertreten, der in gewissem Sinne nur den hellen Menschen repräsentiert, während im Koran der Mensch selbst, der ganze Mensch, der Mensch auch mit seiner Dunkelseite, der Stellvertreter ist, der zu seiner Selbstverwirklichung findet, wenn er das Wissen in seiner Tiefe und seiner Existentialität, das Gott in ihn hineingelegt hat, zu tun versucht, wozu die Hingabe an die Leitung durch den barmherzigen Herrn des Wissens gehört.

Und in eben der 2. Sure finden wir (V. 124 ff.) den Bericht von der Aufrichtung der Grundmauern der Kaaba durch Abraham und seinen Sohn Ismael und deren beider Gebet um eine Gott ergebene Gemeinde aus ihren Nachkommen und um das Entstehen eines Gesandten aus ihnen, Hinweis auf die Urreligion der Menschheit, die Abraham erneuerte und die einst der erbetene Gesandte, Mohammed, wiederum erneuern wird. Der Islam ist in gewissem Sinne die jüngste und zugleich die älteste der drei großen monotheistischen Religionen. »Sag!« heißt es V. 135, » Wir folgen der Religion Abrahams, eines Hanifen – er war kein Heide!« Das rätselhafte Wort Hanif für Abraham hängt wohl damit zusammen, daß er hinter den kosmischen Mächten oder Gestirnen den ewigen Schöpfer erkannte und darin Träger der Urreligion war. Sure 6 (V. 74 ff.) berichtet entsprechend, wie Gott dem Abraham seine Herrschaft über Himmel und Erde zeigte. Abraham sieht einen Stern aufgehen, dann den Mond und dann die Sonne. Immer denkt er, es sei der Herr, doch erlebt er zugleich, wie sie wieder verschwinden. Da wendet er sich demjenigen zu, der Himmel und Erde geschaffen hat. Nicht ohne Humor wird in Sure 21 (V. 51 ff.) erzählt, wie Abraham die Götzen seines Vaters Azar zerschlägt, nur den größten ganz läßt und dann zu den ihn Verdächtigenden ironisch sagt: »Nein, der da (der größte) war's!« Darüber seien sie für kurze Zeit zur Einsicht gelangt. Ein eigenes Buch, der Sepher Jezirah oder Buch der Schöpfung, wurde ihm zugeschrieben als Offenbarung, die er von Gott empfangen hat. Der Koran erwähnt in Sure 87, 19 diese »Blätter Abrahams«. Sure 2 begründet noch die Gebetsrichtung zur Stätte Abrahams, zur Kaaba, und betont zugleich, daß Gottes der Orient und der Okzident ist (V. 142). Der Blick des Moslem geht in die Höhe zu Gott und zur Stätte Abrahams als Einheitssymbol aller Menschen der erneuerten Urreligion, damit zugleich in alle Schöpfung, die überall Gottes Wirken repräsentiert, denn »Gott umfaßt alle Dinge«, wie es immer wieder im Koran heißt, der damit in die Richtung jenes mystischen Wortes aus Goethes Westöstlichem Diwan weist:

»So hab ich endlich von dir erharrt:
In allen Elementen Gottes Gegenwart.«

Sollte es Zufall sein, daß sich die berühmte 18. Sure, die den Namen »die Höhle« trägt, fast in der Mitte des Korans findet? Sie enthält die koranische Fassung der Siebenschläferlegende, das Gleichnis vom Mann mit den beiden Gärten und seinem Gefährten und die Geschichte, wie Moses und sein Bursche den Fisch verlieren und dafür auf den weisen Diener Gottes stoßen, den die Überlieferung al-Chadir, den Grünen, nennt, schließlich die Erzählung von »dem mit den zwei Hörnern«, Dhulkarnain, einer sagenhaften Erscheinungsform Alexanders des Großen. In zusammenhangsvoller Zusammenhanglosigkeit, so wie das Unbewußte zum Beispiel in der Aneinanderreihung von Träumen arbeitet, folgen diese Erzählungen aufeinander, in denen sich nach der Deutung, die C. G. Jung der Sure gegeben hat (Über Wiedergeburt, GW 9/1, S. 149–161), der dunkle Archetypus der Wandlung ausdrückt, in dem die Tiefenpsychologie den Individuationsvorgang erkennt. Eigenartigerweise blitzt in der Mitte dieser 18. Sure wiederum die Weigerung des Iblis auf, vor Adam niederzufallen.

»Die Höhle«, sagt C. G. Jung, »ist der Ort der Wiedergeburt, jener geheime Hohlraum, in den man eingeschlossen wird, um bebrütet und erneuert zu werden. Der Koran sagt von ihr: ›Hättest du nur die Sonne gesehen, wie sie bei ihrem Aufgange sich von ihrer Höhle weg zur rechten Seite neigte, und sie bei ihrem Untergange zur linken ließ, während sie (die Schläfer) in der geräumigen Mitte sich aufhielten.‹ Die ›Mitte‹ ist das Zentrum, in welchem das Kleinod liegt, oder wo die Inkubation oder der Opfervorgang oder die Wandlung stattfindet« (S. 149). »Die Legende hat folgenden Sinn: Wem es geschieht, daß er in jene Höhle, das heißt in die Höhle, die jeder in sich trägt, oder in jene Dunkelheit, die hinter seinem Bewußtsein liegt, gerät, der wird in einen zunächst unbewußten Wandlungsprozeß verwickelt. Durch sein Eingehen ins Unbewußte verursacht er eine Verbindung seines Bewußtseins mit den unbewußten Inhalten. Daraus kann eine folgenschwere Veränderung seiner Persönlichkeit in positivem oder negativem Sinne erfolgen. Häufig wird diese Wandlung im Sinne einer Verlängerung des natürlichen Lebens oder als eine Anwartschaft auf die Unsterblichkeit gedeutet« (S. 149f.).

C. G. Jung weist nun darauf hin, daß »auf die Geschichte der Siebenschläfer im Koran-Text anscheinend zusammenhanglos moralische Betrachtungen« folgen. »Die Zusammenhanglosigkeit ist aber nur scheinbar, in Wirklichkeit ist das Erbauliche der Stoff, den diejenigen brauchen, die nicht wiedergeboren werden können, sondern sich mit dem moralischen Handeln, das heißt mit der Gesetzestreue, begnügen müssen. Sehr oft ist das vorschriftsmäßige Benehmen der Ersatz für die geistige Wandlung« (S. 150f.). Immerhin zeigt jenes Gleichnis vom Besitzer zweier Gärten, der sich, im Unterschied zu seinem armen Gefährten, in Zeit und Ewigkeit durch seinen Besitz gesichert glaubt – doch am Morgen lag die Gartenpracht verödet da –, daß das wahre Sein in Besserem besteht.

Die folgende »Geschichte ist eine Erweiterung und Verdeutlichung der Siebenschläferlegende und des Wiedergeburtsproblems« (S. 152). Bis an den Zusammenfluß der Meere will nun Moses mit seinem Diener, nach der Überlieferung Josua ben Nun (»Nun« heißt wörtlich »Fisch«), wandern. »Moses«, sagt C. G. Jung, »ist der Mensch auf der Suche, der ›quest‹« (ebd.). Die Suche geht nach dem größeren, dem vollständigeren Menschen, dem »Selbst«, der Vereinigung des bewußten und des unbewußten Menschen. Der Fisch ist ein Symbol dieses in der Tiefe ruhenden Selbst, das zunächst verschattet und unbewußt ist. So trägt den Fisch auch der Bursche Moses, Moses Schatten, und vergißt ihn am Felsen der Rast. Der Fisch schwimmt ins Meer davon, das Unbewußte, für das das Meer steht, beunruhigend. Zum Felsen zurückgekehrt, finden Mose und Josua dort den weisen Diener Gottes, den »Grünen«, al-Chadir, der ebenfalls das Selbst darstellt. »Auf alle Fälle«, so C. G. Jung, »anerkennt ihn Moses als ein höheres Bewußtsein, von dem er Belehrung erwartet. Und nun folgen jene unbegreiflichen Taten, welche dartun, wie das Ichbewußtsein die überlegene Schicksalsführung des Selbst empfindet. Chadir stellt nicht nur die höhere Weisheit dar, sondern auch ein dieser entsprechendes Handeln, welches jenseits der menschlichen Vernunft steht« (S. 155). In der koranischen Legende drückt sich das darin aus, daß al-Chadir ein Schiff seeuntüchtig macht, einen Jüngling erschlägt und die Mauer einer ungastlichen Stadt wieder aufbaut. Das unmoralische Verhalten, an dem Moses Anstoß nimmt, klärt sich auf: Das seeuntüchtige Schiff kann nicht einem gewalttätigen König in die Hände fallen, der Jüngling kann seine frommen Eltern nicht durch Irrtum und Unglauben anstecken, die Mauer bleibt für zwei Waisenkinder erhalten, die darunter einen Schatz finden werden.

Schließlich ist von Dhulkarnain die Rede, der in der Überlieferung als Freund Chadirs gilt. Dieser gerät an die Enden der Erde und wandert den Weg vom Sonnenuntergang bis zu ihrem Aufgang, er geht also »den Weg der Sonnenerneuerung durch Tod und Dunkelheit zum neuen Aufstieg« (S. 158f.). Schließlich baut er eine Mauer am mittleren Ort »zwischen den zwei Bergen« gegen die Chaosmächte Gog und Magog. Die Individuation wird vor dem Anprall der kollektiven seelischen Mächte geschützt.

Für die Archetypik der im Koran enthaltenen Jesusüberlieferung möchte ich mich an dieser Stelle auf zwei Hinweise beschränken. Da wird in der Sure 19, die den Namen »Maria« trägt, die Geburt Jesu auf eine Weise erzählt, die diese in Analogie zur Geburt Buddhas und Mohammeds bringt, wie Elsa Sophia von Kamphoevener in ihren »Islamischen Christuslegenden« gezeigt hat. Das archetypische Schema lautet: »Die Geburt fand in der Wüste statt. Die Frau, die das heilige Kind trug, begab sich in die Wüste, in die unendliche Ferne, um ganz von den Menschen entfernt zu sein. Öde war alles um sie. Doch als der erste leise Schmerz sie überfiel, wuchs zu ihren Füßen eine Palme auf, und während sie hinaufschaute und leise sagte: ›Es schmerzt‹, wuchs dieser Baum zu gewaltiger Höhe, spendete Schatten mit seinen Blättern und neigte sich dann über sie, sie verbergend. Als seine Blätter den Boden berührten, entsprang an dieser Stelle ein Quell. Der Quell verbreitete Kühle und Frische. Und so, in aller Verborgenheit, ward schmerzlos das geweihte Kind geboren. Dieses ist die große Geburtslegende des Heils, wie sie auch auf Ischa (= Jesus) angewendet wurde« (S. 15).

Das andere Beispiel, das ich anführen möchte, ist die koranische Gestalt der Abendmahlsüberlieferung:

»Und da die Jünger sprachen:
›O Jesus, Sohn der Maria, vermag dein Herr uns wohl
einen Tisch vom Himmel herabzusenden?‹
Er sprach: ›Fürchtet Gott, wenn ihr gläubig seid.‹
Sie sprachen: ›Wir möchten von ihm essen
und daß unsere Herzen Frieden finden.‹
Da sprach Jesus, der Sohn der Maria:
›O Gott, unser Herr,
sende uns vom Himmel einen Tisch herab,
der ein Fest für uns werde,
für den ersten und letzten von uns,
und ein Zeichen von dir;
und versorge uns,
denn du bist der beste Versorger.‹
Da sprach Gott: ›Ich sende ihn euch hinab.‹
Gottes ist das Reich der Himmel und der Erde
und was im Himmel und auf Erden ist.
Er hat die Macht über alle Dinge.«   Sure 5, 112 ff.

Der Tisch, der sich da niedersenkt, das bedeutet nun nicht nur geistliche Speise, sondern auch leibliche, ein Tisch vom Himmel zum Festtag und zur Friedensfeier auf der Erde, ein wahrer Gralstisch, ein »wunsch von pardis«, Paradiesesvollkommenheit, Sinnbild für den ganzen Menschen in Einklang von Himmel und Erde, den sinnlich-sittlichen, nicht nur geistlichen Menschen; ganzheitliche Ergänzung des Neuen Testaments, wie sie auch in der Christenheit aufbrechen wird als Suche nach dem Gral und dem Stein der Weisen.

Wir sind vom Gleichnis eines Juwels ausgegangen, darin sich das Licht in Bildern der Welt und der Geschichte bricht. Gott selbst ist das Licht über dem Licht, das Urlicht. Gott ist aber zugleich in der Allgewalt der Sprache gegenwärtig, die den ganzen Koran als Gottes Sprechen durchtönt. Die Sprache ist freilich oft so verdichtet, daß sie uns meist nur nach langem Einlesen und Hineinhören zum mächtigen Sprachereignis wird. Wie wir vom Anschliff der Bilder sprachen, so könnte man anderererseits von einem Anschliff der Sprache reden, der dem Eindruck des Lichtkristalls den des Sprachkristalls hinzufügt. Der Koran ist als Sprachwerdung Gottes das Wunder schlechthin in der Religion des Islam. »Im Anfang war die Sprachmacht«, möchte man in Anlehnung an das Johannesevangelium (1,1) sagen. Die gesamte islamische Kultur strahlt vom Koran und seiner Sprachgewalt aus.

Man muß es sich verdeutlichen, daß alles im Koran von Gott gesprochen wird. Gott spricht dem Propheten zu, was er sprechen soll, Gott spricht, was die Gegner sagen, Gott spricht von Gott als Gott, und aus Gott brechen die Preisungen Gottes hervor. Das Ich und das Du, das Er und das Wir, das Ihr, das Es und das Sie sind von diesem Sprechen umfangen. Überall Gott, der alle Dinge umfängt. Gott alles in allen. Gott wird hier zur Sprache selbst, in allem Sprechen die absolute Sprache.

Angesichts der Übermacht göttlichen Sprechens tritt dann auch wieder das Bild von den Splittern in sein Recht, doch nun so, als fiele die göttliche Allmacht über die Fülle der Bilder her und zerscherbte sie. Selbst die Partien, die in uns zunächst ein Gefühl der Öde hervorrufen, verdichten sich zuletzt zu dem Eindruck eines Gesteinsgrundes, auf dem sich ein Wunder aus Sprache und Licht erhebt. In allem aber ist es, als hebe sich Gott aus allen Bildern und Worten immer neu wie aus geheimnisvollem Hintergrund hervor, um sich sogleich auch wieder zu entziehen. Er erscheint wie im Bild und nimmt sein Bild zurück, weil kein Bild ihn erreicht: der Urgrund und die Höhe der Welt.

> »Gott! Es gibt keinen Gott außer ihm.
> Er ist der Lebendige, der Ewige.
> Ihn erfaßt nicht Schlummer und nicht Schlaf.
> Sein ist, was in den Himmeln und auf Erden.
> Wer ist's, der bei ihm Fürbitte einlegen könnte
> ohne seine Erlaubnis?
> Er weiß, was vor ihnen und was hinter ihnen liegt;
> sie aber wissen nichts von seinem Wissen,
> außer was er will.
> Weit reicht sein Thron über die Himmel und die Erde,
> beider Hut ist ihm keine Last.
> Er ist der Hohe, der Gewaltige.«
>
> Sure 2, 255: der Thronvers

Es hat in der Lehrgeschichte des Islam eine Meinungsverschiedenheit darüber gegeben, ob der Koran von Gott in der Zeit geschaffen sei oder seit Ewigkeit bei Gott existiere. Sie besteht in der Auseinandersetzung zwischen liberalen und orthodoxen Theologen fort. Dabei mag man wohl auch noch zwischen einem ewigen Wort in Gott und dem erschaffenen Koran unterscheiden. Diese Frage erinnert an das in der Tiefenpsychologie Jungs auftretende Problem, ob die Urbilder des kollektiven Unbewußten, die Archetypen, im Laufe der Evolution entstanden sind oder nicht vielmehr ihrerseits die zeitlosen, eigentlichen Ursachen der Evolution bilden. Als Verbindungsglied zwischen diesen beiden Problemreihen mag eines jener »Bilder aus dem Unbewußten« (Abbildung 5) dienen, das Jolande Jacobi ihrem Einführungswerk »Die Psychologie von C. G. Jung« beigegeben hat und das die Bezeichnung »Der Alte Weise« trägt. Dieser Archetyp verkörpert das geistige Prinzip. Er verfügt, wie Jolande Jacobi sich ausdrückt, über »uraltes, grenzenloses Wissen und Verstehen«. Interessanterweise trägt die abgebildete Gestalt einen Kristall in den Händen, »ein Symbol der Ganzheit«, das, wie die Verfasserin interpretiert, »auf das höchste Ziel seelischer Entwicklung, auf das ›Selbst‹« hinweist (S. 193).

Mir ist bei diesen Ausführungen natürlich bewußt, daß die archetypische Bildform eines Juwels oder Kristalls für den Koran nicht aus irgendeiner buchstäblichen Selbstbezeugung des Korans hervorgeht, sondern eine Form darstellt, unter der der Koran von demjenigen erlebt werden kann, der sich seinen archetypischen Bild-, Handlungs- und Sprachelementen hingibt. Alle Archetypen oder Urbilder müssen aber ihrerseits aus einer Gesamtheit oder Fülle (Pleroma) der Archetypen verstanden werden. Sie sind nicht isoliert, sondern stehen untereinander in einer sinnvollen bzw. finalen Beziehung. Sie stellen die schöpferischen Kräfte dar, die mit und in der Gottheit gleichzeitig sind. Sie sind die schöpferischen Bild- und Bildekräfte, unter denen die Gottheit selbst erlebt wird und die zugleich die Anordnungsformen und -kräfte veranschaulichen, die allem kreatürlichen Sein, der Schöpfung, zugrunde liegen. Allen Richtungsstößen in Natur und Geschichte, in der kollektiven und individuellen Entwicklung liegt offenbar das Zusammentreffen eines archetypischen mit einem historischen

Ereignis zugrunde. C. G. Jung schreibt dazu: »Dem Laien in diesen Dingen ist die Vorstellung der Identität eines unzeitlichen und ewigen mit einem einmaligen historischen Ereignis stets schwer gefallen. Er muß sich aber an den Gedanken gewöhnen, daß ›Zeit‹ ein relativer Begriff ist und eigentlich ergänzt werden sollte durch den Begriff einer ›gleichzeitigen‹ pleromatischen Existenz aller geschichtlichen Vorgänge. Was im Pleroma als ein ewiger ›Vorgang‹ vorhanden ist, das erscheint in der Zeit als aperiodische Sequenz, d.h. in vielfacher unregelmäßiger Wiederholung« (Antwort auf Hiob, GW 11, S. 429f.).

Man hat im Koran immer wieder den Eindruck, als spielten sich die geschichtlichen Vorgänge, wie wir sie aus der Bibel oder anderen Überlieferungen kennen, auf einer erhöhten, archetypischen Ebene ab. Literarisch drückt sich das unter anderem darin aus, daß sich die sagenhaltigen biblischen Geschichtsüberlieferungen in Richtung auf die Legende verändern. Sie wirken in dieser Hinsicht wie ein Destillat aus einem gröberen Stoff. Die Bibel erscheint, gemessen am Koran, episch breit, der Koran hingegen pointierend und typisierend. Er wirkt in diesem Sinne wie eine Potenzierung der Bibel, und das dem Moslem eigene Gefühl, im Koran das eigentliche Buch zu besitzen, das die früheren heiligen Bücher verheißen haben, ist durchaus verständlich. Wir haben das zu Eingang am Beispiel dessen veranschaulicht, was R. Paret die »Typisierung der früheren Gesandten« (Mohammed und der Koran, S. 89) genannt hat und das ich hier in der Paretschen Zusammenfassung wieder anklingen lassen möchte. »Das Interesse, das Mohammed an den Gestalten der früheren Heilsgeschichte nahm«, schreibt Paret, »beschränkte sich keineswegs auf die eigentlichen Strafgerichte. Das ganze Leben und Wirken, wir können hinzufügen: auch das Leiden der Gottgesandten war ihm in gleicher Weise wichtig. Je mehr er sich mit den Frommen der Vorzeit beschäftigte, um so deutlicher glaubte er zu sehen, daß im Grunde genommen immer dasselbe geschehen war. Zu jedem Volk war ein ›Gesandter‹, ›Warner‹ oder ›Führer‹ (so 13,8) gekommen. Seine Volksgenossen hatten ihn aber für einen Lügner erklärt, sich über ihn lustig gemacht und seine Botschaft abgelehnt. Schließlich war dann die Masse des Volkes vom Strafgericht ereilt worden, während der Gesandte am Leben blieb. Sogar die Geschichte der sagenhaften Völker des alten Arabien hat der Prophet in diesem typisierenden Sinn gedeutet, um nicht zu sagen umgedichtet. Hud, Salih und Schuaib, die Gesandten der Ad, Thamud und Madyan, blieben, dem Beispiel Noahs und Lots folgend, beim Untergang ihres Volkes verschont (11, 61.69.97). Die Geschichte von Mose und Pharao wurde insofern typisiert, als Mose (mit den Israeliten) als gläubige Minderheit dem Pharao und seinem Volk als gottlose Mehrheit gegenüberstand, also im Prinzip dieselbe Rolle spielte wie Noah, Lot und die anderen frommen Männer und deren Gefolge. Gegenüber der Gleichartigkeit traten die Unterschiede der Einzelerscheinungen mehr und mehr zurück« (ebd., S. 89f.). In diese Typisierung und Schematisierung bezog die koranische Botschaft das eigene Zeitgeschehen Mohammeds mit ein (s. ebd., S. 90).

Es ist so, als träte ein im Pleroma enthaltener Vorgang Mal um Mal, wenn die Zeit erfüllt ist, aus der Zeitlosigkeit in die Zeit heraus und bringe damit zugleich das grundlegende Anordnungsschema für die geschichtlichen Vorgänge hervor, die dadurch erst möglich werden, weil sie im Pleroma, im Ewigen, in der »Mutter des Buches« (dem ewigen Ur-Koran) konstelliert sind. Ja selbst der Gedanke, daß alles wirklich Ursprüngliche Islam ist, gehört in diesen pleromatisch-archetypischen Zusammenhang. Nicht nur Abraham, Jakob, die Stämme, Moses und Jesus waren Moslems und verkündeten Islam, sondern bereits Adam, der erste Mensch, war auch der erste Prophet und Moslem und mit ihm die gesamte Menschheit, die in einer Art Präexistenz den Urvertrag mit Gott schloß und den Islam bekannte:

»Und als dein Herr
aus dem Rücken der Kinder Adams
ihre Nachkommenschaft zog
und sie zu Zeugen gegen sich selber machte:
›Bin ich nicht euer Herr?‹,
da antworteten sie:
›Doch, wir bezeugen es!‹«   Sure 7, 172

Genaugenommen ist die ganze Schöpfung Islam, denn sie fällt morgens und abends in Gestalt der langen Schatten, die sie wirft, vor Gott nieder (Sure 16, 48–50; 13, 15).

Die Gestalt des Weisen Herrn, unter der Gott im Koran erscheint, ist wie die des Kristalls eine Erscheinungsform des Archetyps des Selbst. Das gilt in gleicher Weise von den Symbolfiguren der »übergeordneten Persönlichkeit« wie Gesandter, Warner, Führer, Held, Prophet. Wo ein Mensch von diesem archetypischen Geschehen erreicht wird, wird ihm die Brust geöffnet für das urbildliche Walten, das sich in diese Welt hinein vollziehen will. Er wird mit seiner Person und Geschichte in den Erfahrungen seiner Zeit ein Abbild des archetypischen Geschehens, eine Ausprägung desselben; aber die Urform ist, religiös gesprochen, in Gott. Das ist das Unbedingtheitserlebnis, das der Koran vermittelt, das daher nur mit dem Unbedingtheitserlebnis verglichen werden kann, das dem Christen in der Begegnung mit der Christusgestalt widerfährt. Der Koran als Symbol für Ganzheit archetypischen Geschehens repräsentiert, um es mit einer Aussage Jungs über den Archetypus überhaupt auszudrücken, »eine ewige Präsenz, und es ist bloß die Frage, ob das Bewußtsein diese wahrnimmt oder nicht« (Psychologie und Alchemie, GW 12, S. 258).

Mohammed wird in Sure 7, 158 der ungelehrte Prophet genannt. Es scheint für den Sinn dieser Vorstellung zweitrangig zu sein, ob das Wort »ummi« in diesem Fall buchstäblich als »Analphabet« gedeutet werden muß. Es bedeutet jedoch, daß Mohammed der Ursprünglichkeit und Archetypik der Offenbarung mit reinem, ursprünglichem Hingegebensein begegnete und für sie offen war. Er hat dem, was er empfing, im Akt des Empfangens durch Bildung oder theologische Reflexion nichts hinzugesetzt, welche Kenntnisse und Reflexionen auch immer der koranischen Offenbarung vorhergehen mochten. Der Prophet hat als reiner Durchgang den Koran, das universale Symbol, auf die Erde kommen lassen, wie nach neutestamentlicher und koranischer Überlieferung Maria als reine Jungfrau den Logos Gottes geboren hat.

Um den heiligen Stein

Mekka ist nach islamischer Überlieferung die älteste heilige Stätte der Welt. Einst, heißt es, wanderte Adam, der Stammvater der Menschen, auf Gottes Gebot durch das arabische Land. Da kam er an die Stätte und erblickte dort einen leuchtenden, weißen Stein, Symbol der Weisheit und der Seele. Ergriffen blickte Adam auf. Der hellleuchtende Stein erinnerte ihn an die Seele des Menschen, wie sie beschaffen war, ehe er in Sünde fiel und das Paradies verlassen mußte. Er erinnerte ihn an den Glanz Gottes, den er schauen durfte, als in seiner Seele das Urwissen noch strahlte, das ihn mit Gott und der ganzen Schöpfung verband. Siebenmal schritt Adam um den leuchtenden Stein herum. Aus erinnernder Seele rief er das Lob Gottes aus. Dann holte er Steine vom Berge Hira und baute aus ihnen ein würfelförmiges Haus um den heiligen Stein. Wegen dieser Form heißt das Heiligtum Kaaba (Würfel). Adams Kinder sollten zu ihm wandern, es umschreiten und dabei Gott preisen. Es wird seit der ältesten Zeit »Haus Gottes« genannt.

Eine andere Version der Geschichte erzählt: Als Adam und Eva das Paradies verlassen mußten, fiel Eva, nachdem sie das »Tor der Barmherzigkeit« durchschritten hatte, in der Gegend von Dschidda bei Mekka auf die Erde, während Adam seinen Fuß auf den Adamspik in Ceylon niedersetzte. (Dieselbe Spur deuten die Buddhisten als Fußtapfe Buddhas, die Hindus als Fußspur Vischnus). Auf Ceylon habe er zweihundert Jahre getrennt von seiner Frau verweilen müssen. Dann aber habe sich Gott seiner erbarmt und ihm befohlen, sich an den Ort zu begeben, der dem himmlischen Thron gegenübersteht. Adam folgte einer Wolke, die ihm den Weg zeigte. Auf dem Berge Arafat bei Mekka fand er Eva. Die glücklich Wiedervereinten erhielten vom Engel Gabriel den Befehl, nach himmlischem Plan einen Tempel Gottes zu bauen. Als Eckstein übergab ihnen der Engel einen glänzenden weißen Stein, der eigentlich ein verwandelter Engel war, der Engel nämlich, der den Baum des Wissens im Paradies bewachen sollte und zur Strafe für seine Unachtsamkeit in den Stein verwandelt worden war. Je mehr Menschen in der folgenden Zeit den Stein berührten, um so mehr verlor er von seinem Glanz und wurde schließlich zum schwarzen Stein. Am Jüngsten Tag wird ihm Gott seine Engelsgestalt zurückgeben. Dann wird er Zeuge sein für alle, die ihn berührten und Sündenvergebung erlangten.

Die Überlieferung berichtet weiter: Als die Große Flut die ganze Erde bedeckte, schwamm Noahs Arche siebenmal um die heilige Stätte herum. Die Flut richtete ihr Zerstörungswerk an, aber die von Adam gelegten Fundamente blieben erhalten. Den heiligen Stein rettete Gabriel, der Engel Gottes.

Viertausend Jahre später irrte Hagar, die Stammutter der Araber, durch die Wüste. Abraham hatte sie verstoßen. In ihren Armen trug sie das verdurstende Söhnchen Ismael. Dem Tode nahe stürzte sie zu Boden. Verzweifelt rief sie Gott um Hilfe an. Da sprang zu ihren Füßen die Quelle Zemzem auf. Ihr Name malt das Rauschen der Quelle, das als Hilfe und Nähe Gottes zum ersten Mal von Hagar gehört wurde. Hagar und Ismael ließen sich in dem Tal nieder. Es war das Tal der Kaaba. Das stellte sich heraus, als Abraham nach dem Tode Hagars seinen Sohn Ismael besuchte. Abraham entdeckte unter den Trümmern das Fundament Adams. Zusammen mit Ismael stellte Abraham die Kaaba wieder her. Ismael empfing vom Engel Gottes den heiligen Stein zurück, der aber, wie es in dieser Version heißt, aus Trauer über den Götzendienst in der Welt zum schwarzen Stein geworden war.

Zweitausend Jahre danach hatte sich vieles geändert. Ein Nachkomme der Söhne Ismaels aus dem Stamm der Kuraisch hatte für sich und seinen Stamm die Stadt Mekka bauen lassen. 360 Götterbilder standen nun im Kreis um das Haus Gottes herum.

Das eigentliche Arabien war zur Zeit Mohammeds noch ein Gebiet primitiver Stammesreligion, wenn auch vermutlich stärker von jüdischen, christlichen und gnostischen Einflüssen überlagert, als allgemein angenommen wird. Diese ursprüngliche Religion bestand in der Verehrung heiliger Steine in einem geweihten Bezirk (hima) mit Quelle, Grotte, heiligem Hain und heiligen Kamelherden. Die Heiligtümer waren zugleich Asylstätten, in ihrem Bereich galt das Gebot des Gottesfriedens. Jährliche Wallfahrten (haddsch) vereinigten die umliegenden Stämme zu Kultfeiern mit blutigen Opfern an die Götter. Die heiligen Steine wurden durch einen Umlauf (tawaf) rituell verehrt, außerdem durch Küssen, Berühren und Bestreichen mit Opferblut. Durch eine solche Umkreisung glaubte man sich in Kontakt mit der heiligen Macht zu bringen, die in dem Stein lebt, oder mit der Gottheit, die in dem Stein ihren Wohnsitz hat. Der Stein und der Gott oder die Göttin bildeten eine geheimnisvolle Einheit der Kraft, aus der sich das Gottwesen auch wieder personhaft erhob.

Das Zentrum dieser arabischen Steinverehrung bildete die vom Stamm der Kuraisch bewohnte und gegründete Oasenstadt Mekka mit der Kaaba und dem schwarzen Stein (ursprünglich wohl ein Meteorit). Andere berühmte Steinfetische waren der schwarze Stein der Schicksalsgöttin Manat in Kudaid, der viereckige Felsblock der Mutter- und Himmelsgöttin al-Lat (zusammengezogen aus al-ilahat, die Göttin) in Taif und der heilige Stein der Göttin al-Uzza (die Mächtige) in Nachla, die auch mit dem Morgenstern in Verbindung gebracht wurde. Diese drei Göttinnen, die der Koran in Sure 53, 19f. erwähnt, wurden auch in Mekka verehrt. Wenn die Kuraisch die Kaaba umkreisten, pflegten sie auszurufen: »Bei al-Lat und al-Uzza und bei Manat, der dritten dazu, denn sie sind die allerhöchsten Schwäne, und auf ihre Vermittlung darf man hoffen!« (Wellhausen, Reste arabischen Heidentums, S. 34). Das Bild von den Schwänen soll wohl nach einer arabischen Redewendung zum Ausdruck bringen, daß es sich um die vornehmsten Göttinnen Mekkas handelte, denn mit »Schwänen« bezeichnete man allerlei vornehme Leute. Die drei Göttinnen galten als Töchter Allahs, die man um Fürsprache bei Gott anrief. Dieser Umstand weist darauf hin, daß Allah für Mohammed kein neuer Gott war, den er erst jüdischer oder christlicher Religion entlehnt hätte. Allah, der eigentliche Gott, galt als der »Herr des Hauses« (der Kaaba). In der Kaaba stand das hölzerne Kultbild des Gottes Hubal, über dessen Verhältnis zu Allah sich nichts Genaueres sagen läßt. Auch er wurde gelegentlich »Herr des Hauses« genannt, was aber nicht unbedingt eine Identifizierung mit Allah in sich einschließen muß.

Der eigentliche Gott hat sich nicht nur in der biblischen Religion offenbart. Die Bibel selbst läßt keinen Zweifel daran, daß die religiöse Überlieferung nicht mit Abraham oder Mose und schon gar nicht mit Jesus beginnt. Sie beginnt damit, daß im Anfang Gott Himmel und Erde geschaffen hat. Diese mythische Vorstellung ist keineswegs genuin israelitisch, wie man eine Zeitlang gemeint hat. Der Völkerkundler und Religionswissenschaftler Wilhelm Schmidt hat in seinem Werk »Der Ursprung der Gottesidee« (12 Bände, 1912–1955) überwältigendes Material dafür beigebracht, daß in den Anfang der Religionsgeschichte die Vorstellung vom Urgott gehört, der Himmel und Erde schuf. Schmidt nannte diese Vorstellung Urmonotheismus. Es gibt überdies keine Religion, die nicht auf den Urgott zurückweist, auch wenn sie seinen Namen nicht mehr nennen kann. Keiner der verehrten Götter ist dieser Urgott. Die Götter sind nur, weil nach dem Selbstzeugnis der Religionen der Urgott die Grundlagen legte. Der Schöpfergott ist der in allen Religionen unbenannt-benannte Gott. Das trifft in gewissem Sinn auch für die Bibel zu, die den Schöpfergott Elohim (Gottwesen) und noch nicht sogleich Jahwe nennt. Die Jahwe-Religion des Alten Testaments hat ihr Widerlager an der gesamtmenschlichen Überzeugung, daß ein Gott war, der die Voraussetzung für die Welt und ihre Geschichte legte. Die biblische Religion und der Islam sind Reaktualisierungen des ursprünglichen Monotheismus, in ihnen tritt der Urgott neu in die Geschichte der Menschheit ein. (Reichhaltiges Material zum Thema Urmonotheismus habe ich in meinem Buch »Vom Totempfahl zum Kruzifix. Vergessene Voraussetzungen unseres Weltverständnisses«, Dortmund 1976, zusammengetragen und zu deuten versucht.)

Auf einen arabischen Urmonotheismus weist, wie es scheint, bereits die Gottesbezeichnung Allah hin, wie Paret deutlich macht. Der gemeinsemitische Gattungsbegriff für »Gott« lautet im Arabischen »ilah, was dem hebräischen eloah genau entspricht, mit dem bestimmten Artikel versehen al-ilah ›der Gott‹. Neben dieser mit dem Artikel versehenen Normalform muß es schon in alter Zeit die kontrahierte Kurzform al-lah (mit Ausfall des i) gegeben haben – dieselbe Form, die dann im Islam als Allah allgemeingültig geworden ist. Das gibt zu denken. Im lebendigen Sprachgebrauch hat man die mit dem Artikel versehene Bezeichnung für Gott, also al-ilah, ›der Gott‹, anscheinend so häufig verwendet, daß sie im Laufe der Zeit zu al-lah abgeschliffen worden ist. Mit anderen Worten, es war gang und gäbe, von ›Gott‹ überhaupt zu sprechen, anstatt etwa von Hubal oder irgendeinem anderen mehr oder weniger begrenzten Einzelgott« (Mohammed und der Koran, S. 15). Paret weist ausdrücklich darauf hin, daß es Koranstellen gibt, »in denen Mohammed bei seinen Gegnern den Glauben an Allah als den Schöpfer der Welt und Förderer alles Lebens (29, 61–3; 39, 39; 31, 24) und als Helfer in Seenot (29, 65; 17, 69; 31, 31) voraussetzt, und in denen er ihnen nur den Vorwurf macht, daß sie nicht folgerichtig einen Schritt weitergehen und Allah als alleinigen Gott anerkennen, neben dem es keine anderen Götter gibt. In Sure 12, 106 wird der Sachverhalt kurz und treffend auf den Begriff gebracht: ›Die wenigsten glauben an Allah, ohne zugleich Polytheisten zu sein‹« (ebd., S. 15f.).

Paret läßt für die Erklärung der »Tatsache, daß die Vorstellung von Allah als einem höchsten Gott sich unter den alten Arabern eingebürgert hatte, noch ehe Mohammed mit seiner Verkündigung aufgetreten war«, zwei Möglichkeiten offen, die sich nicht gegenseitig ausschließen müssen. »Entweder liegt hier eine Art primitiver Monotheismus vor (wobei der Ausdruck ›primitiv‹ natürlich nicht in abwertendem Sinn gemeint ist), oder eine Einwirkung der monotheistischen Religionen des Kulturlandes, also des Christentums und des Judentums« (ebd., S. 16f.). Man wird sagen müssen: Der Einfluß der jüdischen und der christlichen Religionen hat den seit der Frühzeit bestehenden arabischen Urmonotheismus neu belebt, Mohammed hat ihn dann, wie wir bereits andeuteten, unter Ausscheidung der polytheistischen Elemente reaktualisiert.

Es ist ja, wie das insbesondere Mircea Eliade gezeigt hat (Das Heilige und das Profane, S. 71ff.), eine Eigenart des Urgottes, sich aus dem Kosmos und zugleich damit aus dem Kultus zurückzuziehen. Nach den zahlreichen Erzählungen primitiver Stammesreligionen sieht es so aus, als sei dieser Gott nach dem Riesenwerk der Schöpfung ein müßiger Gott (deus otiosus) geworden, der erd- und lebensnäheren, vitaleren Mächten Platz gemacht habe: den mythischen Ahnen, den Muttergottheiten, den Fruchtbarkeitsgottheiten usw., die oft als seine Kinder bezeichnet werden. In den »primitiven Religionen«, schreibt Eliade, »scheint das höchste Wesen seine religiöse Aktualität verloren zu haben; im Kult fehlt es, und im Mythos zieht es sich immer weiter von den Menschen zurück, bis es zum deus otiosus wird. Doch man erinnert sich noch seiner und ruft es an als letzte Instanz, wenn alle Schritte bei den anderen Göttern

und Göttinnen, den Ahnen und Dämonen vergebens waren«
(ebd., S. 73). »In einer äußerst kritischen Situation, bei der die
Existenz der Gemeinschaft selbst auf dem Spiel steht, verläßt
man die Gottheiten, die in normalen Zeiten das Leben sichern
und erhöhen, und kehrt zurück zum höchsten Gott« (ebd., S.
74).

Entsprechend heißt es im Koran von den heidnischen Arabern:

»Wenn du sie fragst:
›Wer hat Himmel und Erde erschaffen
und Sonne und Mond in den Dienst gestellt?‹
dann sagen sie: ›Gott‹.
Und wenn du sie fragst:
›Wer sendet vom Himmel Wasser herab
und belebt so die erstorbene Erde?‹
dann sagen sie: ›Gott‹.
Und wenn sie ein Schiff besteigen,
rufen sie Gott an.
Hat er sie aber ans Land gerettet,
gesellen sie ihm bei.«   Sure 29, 61. 63. 65

Ein Schiff besteigen bedeutet, sich aus dem normalen, geordneten Kosmos auf das ungewisse, gefährliche, dem Chaos zugeordnete Meer einlassen. Hier helfen die gewöhnlichen Götter nicht, sondern nur der, der das Leben und den Kosmos geschaffen hat. Tritt man dann in die Normalität zurück, treten auch die Götter der Alltäglichkeit wieder in ihr »Recht«. Der höchste Gott verschwindet aus der Aktualität des Lebens, und sie »gesellen« ihm »bei«, wie der Ausdruck für Polytheismus im Koran lautet.

Der Urmonotheismus ist die Urreligion. Es gehört zum Selbstverständnis des Islam, die Urreligion der Menschheit auf neuer Stufe wiederhergestellt zu haben. In diesem Zusammenhang ist das Festhalten Mohammeds am Heiligtum der Kaaba und seinem vom Polytheismus gereinigten Kultus von hohem symbolischem Wert. Der ursprüngliche Mensch wollte, wie M. Eliade gezeigt hat, in der Mitte, im Zentrum der Welt wohnen (s. Das Heilige und das Profane, S. 26ff.). Wenn die islamische Legende davon spricht, daß sich der Ort des heiligen Steins gegenüber dem himmlischen Thron Gottes befindet, dann bringt sie damit noch zum Ausdruck, daß der Stein in der Mitte der Welt seinen Platz fand; denn der Thron Gottes steht nach mythischer Auffassung natürlich über der Weltmitte. (Später geriet diese Auffassung mit der Vorstellung in Konkurrenz, daß der Felsen auf dem Zionsberg in Jerusalem die Mitte, der Nabel der Welt sei. Entsprechend nahm man an, daß am Jüngsten Tage die Kaaba zum heiligen Felsen in Jerusalem entrückt werde, so W. Beltz, Die Mythen des Koran, S. 102ff., 269.) Die Legende erinnert also noch an die Meinung der Frühmenschheit, daß jedes Heiligtum die Weltmitte repräsentiert. Der heilige Stein ist ein solches Symbol des Zentrums, seine Aufrichtung und Einfügung als Eckstein bedeutet eine Erschaffung der Welt, der um ihn herum gebaute Tempel ein Abbild der Welt. Um ihn, die heilige Mitte, haben sich ursprüngliche Gemeinschaften gesammelt und orientiert.

Der Ausdruck »Steinfetisch« ist einer der vielen religionswissenschaftlichen Begriffe, die geeignet sind, ein tieferes, uns selbst noch treffendes Verständnis der religiösen Überlieferung zu verhindern. Man spricht dann, wie wir es oben selbst getan haben, von Gegenständen, denen übernatürliche Kräfte zugeschrieben werden, die gewissermaßen mit einer geheimnisvollen Macht (Mana) geladen sind und denen infolgedessen eine religiöse oder magische Verehrung zuteil wird. Dabei betrachtet man das Wirken dieser Kraft oder Macht als ein eigentümliches Faktum der archaischen Weltanschauung, von dem, etwa im Amulettwesen, noch abergläubische Relikte nachwirken. Die Tiefenpsychologie C. G. Jungs kann uns aber zeigen, daß in der alten Steinverehrung ein tief menschliches Geheimnis angerührt wird, das sinnvollerweise dazu bestimmt ist, den Menschen in seinen Bann zu schlagen. Es ist das Geheimnis des Selbst, des tiefsten, eigentlichen Mittelpunktes des Menschen. Nicht das Ich, um das der Mensch in einem vordergründigen Sinne zu kreisen scheint, sondern ein tieferes Zentrum bildet die eigentliche Mitte des Menschen, seinen unbewußten Kern. Während das Ich nur den Mittelpunkt des Bewußten abgibt, bildet das Selbst den Mittelpunkt beider Teilsysteme, des Bewußten und des bis in seine letzten Tiefen unergründlichen Unbewußten. Es ist für die Selbstwerdung des Menschen von außerordentlicher Bedeutung, diesen Mittelpunkt zu finden und in sein erweitertes Bewußtsein zu integrieren. Im unbewußten Zustand ist dieser Mittelpunkt nach außen projiziert. Die Tiefenenergie seiner Seele ist projiziert auf einen äußeren Gegenstand, der dadurch die Eigenschaft eines Symbols, eines archetypischen (urtümlichen) Bildes annimmt. Im Kult tritt der Mensch dann mit seinem Selbst in Kontakt.

Ein solches archetypisches Bild für das Selbst ist der aus seiner Umgebung herausragende oder besonders aufgestellte auffällige Stein. Marie-Louise von Franz schreibt dazu: »Vielleicht ist der Stein für ein Symbol des Selbst auch deshalb besonders geeignet, weil sich sein Wesen am meisten im reinen Sosein äußert. Wie viele Leute können es auch nicht lassen, auffällige Steine mit nach Hause zu schleppen und dort zu behalten, ohne zu wissen, warum sie das tun. Es ist, als ob diese Steine ein belebendes Geheimnis für sie enthielten. Schon in der ältesten Zeit scheinen die Menschen dies getan und in gewissen Steinen ihre Lebenskraft und ihr Geheimnis gesehen zu haben... So wie das menschliche Wesen einerseits vom Stein vielleicht am allerverschiedensten ist, so scheint umgekehrt der unbewußte Kern des Menschen dem Stein am nächsten verwandt. In ihm symbolisiert sich eine Bewußtseinsform, die eben ein reines Sein ist, jenseits der Emotionen, Phantasien, Gefühle und dem Gedankenstrom des Ichbewußtseins – eine Einheit, die einfach existiert und unveränderlich immer da war und ist. In diesem Sinn symbolisiert der Stein vielleicht das einfachste und zugleich tiefste Erlebnis von etwas Ewigem und Unwandelbarem, das ein Mensch haben kann« (in: C. G. Jung u. a., Der Mensch und seine Symbole, S. 209f.).

M.-L. von Franz weist in diesem Zusammenhang auf das Bemühen der mittelalterlichen Alchimisten hin, den sogenannten »Stein der Weisen« herzustellen. Die Alchimisten »ahnten aber bereits, daß dieser gesuchte Stein ein Symbol für etwas sei, das nur im Innern des Menschen zu finden ist. Ein arabischer Alchimist, Morienus, schreibt deshalb: ›Dies Ding (der Stein der Weisen) wird aus dir extrahiert, *du* bist sein Mineral, und du kannst es in dir finden, oder, um es noch klarer zu sagen: sie (die Alchimisten) nehmen es aus dir. Wenn du dies erkennst, wird deine Liebe und Verehrung des Steins noch in dir zunehmen. Wisse, das ist ohne Zweifel wahr.‹ Der Stein der Alchemie (der Lapis) symbolisiert das in uns, was sich nicht mehr verlieren läßt oder auflösen kann, etwas Ewiges, das darum von vielen mit dem Erlebnis von ›Gott im eigenen Seeleninnern‹ gleichgestellt wird« (ebd., S. 210).

Es ist eine der bedeutsamen Erkenntnisse der Tiefenpsychologie Jungs, daß die urtümlichen Bilder des Archetyps des Selbst, von denen der Stein eines ist, zugleich Gottesbilder sind und daß es symbolgeschichtlich und religionsgeschichtlich nicht möglich ist, das Bild des Selbst und das Bild Gottes zu unterscheiden. Das Selbstfindungserlebnis ist daher in der Regel auch ein religiöses Erlebnis, das Umkreisen des heiligen Steins, wie wir es im Kult der Kaaba finden, entspricht dem meditativen Umkreisen der geheimnisvollen Daseinsmitte des menschlichen Seins. Als Schlüssel zum Verständnis dieses Tiefenzusammenhangs nennt Aniela Jaffé ein japanisches Geheimbuch über Steingärten, in dem es heißt: »Der Mensch müsse ... den Stein meditieren, bevor er ihn aufrichte oder an seinen Platz bringe. Einmal hingelegt oder aufgerichtet, dürfe er nicht bewegt werden; denn ein solches Tun könnte den ihm einwohnenden Geist stören oder reizen. Vom psychologischen Gesichtspunkt aus stellt der ›Geist des Steins‹, von dem hier die Rede ist und dem der Mensch so ehrfurchtsvoll begegnen muß, den Ausdruck seiner Belebung durch den Menschen selber dar. Was ihn anscheinend belebt, ist ein in ihn projizierter Inhalt des Unbewußten, ein archetypisches Bild des Geistes. Daß solche Projektionen nicht gemacht, sondern vorgefunden werden, daß sie also unbewußt geschehen, ist psychologisches Gesetz« (ebd., S. 233).

Man hat sich immer darüber gewundert, daß Mohammed die Verehrung des Einen personalen Gottes mit der Verehrung des heiligen Steins von Mekka, also mit etwas anscheinend Impersonalem, verbunden hat. Für eine Erklärung fehlte der Schlüssel, den die Tiefenpsychologie bietet. Der Mensch kann Gott nur im Bilde Gottes erfahren, das heißt in einem Bilde, das er in sich selber trägt. Freilich ist Gott ein ewiges, letztlich unvergleichliches Wesen: unsichtbar, gestaltlos und an keinen Ort gebunden, wie es der Islam lehrt. Aber der Mensch bleibt auf das Erleben Gottes im Bilde Gottes angewiesen. Es packt ihn tiefer als ein noch so weit gespannter, aber abstrakter Gottesgedanke. Das im religiösen Erlebnis aufscheinende Gottesbild weist auf den Unsichtbaren und Gestaltlosen zurück, dessen

Wesen unerforschlich und allem Irdischen unvergleichbar ist. Der Koran ist wie andere Dokumente religiöser Erfahrung voll von solchen bildlichen Erscheinungen des seinem Wesen nach Bildlosen. Wo aber das Gottesbild den Menschen aus seiner Tiefe erreicht und in ihm wirksam wird, kommt es zu einem sein ganzes bisheriges Selbstverständnis und Sein übergreifenden und wandelnden, den Menschen in sein eigentliches Sein erhebenden und bewegenden Geschehen. Verbundenheit mit dem Gottesbild ist immer zugleich dynamisches Verbundensein mit dem Selbstbild, eines ist vom andern nicht zu trennen.

Es ist nun eine bemerkenswerte Eigenart, daß der Archetyp des Selbst sowohl unter einem impersonalen als auch einem personalen Bilde erscheinen kann, daß beide Aspekte sich offenbar nicht ausschließen, sondern einander ergänzen. Für den personalen Aspekt sei hier ein religionspsychologisch höchst bedeutsamer Text aus dem Bereich der jüdischen Mystik angeführt. In dem jüdischen kabbalistischen Sammelwerk Schuschan Sodoth des Moses ben Jakob aus Kiew tritt die Vorstellung von einem »Selbst« auf, das als inspirierendes Gottesbild dem Propheten erscheint. Prophetie wird also als Selbstbegegnung verstanden. In dem von Gershom Scholem übersetzten Text heißt es: »Ein großes Geheimnis (über den Ausspruch des Midrasch): Groß ist die Kraft der Propheten, die die Form dem Former angleichen... ich (habe) ein Stück von früheren Autoren hierüber gefunden, und mein Herz drängt mich, es aufzuschreiben... Und Folgendes ist der Wortlaut jenes Berichtes: Der verstorbene tiefgelehrte Rabbi Nathan hat mir gesagt: Wisse, daß das vollkommne Geheimnis der Prophetie für den Propheten darin besteht, daß er plötzlich die Gestalt seines Selbst vor sich stehen sieht und sein Selbst vergißt und es von ihm entrückt wird und er die Gestalt seines Selbst vor sich sieht, wie sie mit ihm spricht und ihm das Zukünftige verkündet, und von diesem Geheimnis haben unsere Weisen gesagt: Groß ist die Kraft der Propheten, die die Gestalt (die ihnen erscheint) mit dem Gestalter vergleichen. So sagt auch der gelehrte R. Abraham ben Esra: Der Hörende (bei der Prophetie) ist ein Mensch, und der Redende ist ein Mensch. Und ein anderer Gelehrter schreibt hierüber Folgendes: Mir nämlich ist kraft des Zusammenfügens (von Gottesnamen) und der einsamen Meditation begegnet, was ich von dem Licht, das mit mir gewandelt ist, in dem Buche Scha'are Zedek ausgeführt habe. Aber daß die Gestalt meines Selbst vor mir steht, dessen bin ich nicht gewürdigt worden, und das vermag ich nicht. Und abermals ein anderer Gelehrter schreibt Folgendes: Ich weiß und erkenne mit völliger Gewißheit, daß ich kein Prophet bin und keines Propheten Sohn, daß der Heilige Geist nicht in mir ist und ich keine Gewalt über die ›himmlische Stimme‹ habe, denn all dieser Dinge bin ich nicht gewürdigt worden und habe mein Gewand nicht abgelegt und meine Füße nicht gewaschen – und doch rufe ich Himmel und Erde zu Zeugen an, im Himmel ist mein Zeuge und mein Bürge in den Höhen, daß ich eines Tages saß und ein kabbalistisches Geheimnis niederschrieb, und plötzlich sah ich die Gestalt meines Selbst mir gegenüberstehen und mein Selbst von mir entrückt und war genötigt und gezwungen, mit Schreiben aufzuhören; und auch als wir dieses Buch verfaßten und den unverstellten Gottesnamen nach seinen Vokalen vokalisierten, da erschienen vor unseren Augen störende Dinge, etwas wie rotes Feuer beim Sonnenuntergang, bis wir dadurch verwirrt wurden und abließen, und dies ist uns bei unserem Werk viele Male begegnet« (G. Scholem, Von der mystischen Gestalt der Gottheit, S. 251f.).

Der Text läßt noch etwas von der Emotionalität erkennen, die mit solchen Erfahrungen verbunden ist. Wir werden bei der Berufung Mohammeds auf ein entsprechendes Erlebnis stoßen. Was uns hier aber zunächst beschäftigt, ist der Umstand, daß der Moslem gewissermaßen zwei Blickrichtungen hat, die in der Tiefe aber zusammengehören. Die eine geht in die Höhe, geleitet von der personalen Gottesvorstellung, und die andere nach Mekka zum heiligen Stein, der für das Unbewußte ein anderes Bild des geheimnisvollen Selbst repräsentiert. Wie in der christlichen Religion dem Gottmenschen Christus als Archetyp des Selbst das impersonale Ganzheitssymbol des Kreuzes mit seinen vier Erstreckungen (oben, unten, links, rechts) und seinem Mittelpunkt zur Seite tritt, gleichsam die Tiefe und Weite des Menschen entbergend und im Selbst zentrierend unter Aufhebung seiner vordergründigen Ich-Verfallenheit, so tritt im Islam zum personalen Gottesbild als Archetyp des Selbst das Bild des Steines hinzu, der den eigentlichen Schatz in der Tiefe meint. In nachkoranischer Lehre wird man Gott einmal sagen lassen: »Ich war ein verborgener Schatz, wollte aber erkannt werden, und darum habe ich die Welt erschaffen.« Die Kaaba mit dem heiligen Stein – kein Wohnort Gottes im wörtlichen Sinne; denn Gott ist an keinen Ort gebunden – ist ein mächtiges Symbol, das auf eine geheimnisvolle Beziehung zwischen dem innersten Kern des Menschen und jenem »Kern« der Wirklichkeit hinweist, auf jenen »verborgenen Schatz«, der erkannt werden wollte, auf Gott, den wir nicht nur in der Höhe suchen dürfen. Es gehört sicher zur Tiefe der religiösen Entwicklung des Islam, daß einmal einer seiner Mystiker, Ibn Arabi, sagen wird: »Mein Herz (= mein Selbst) wurde ... eine Kaaba für die Pilger«, und einer der Märtyrer, al-Halladsch, in der mystischen Ekstase: »Ana 'l haqq. Ich bin die Wahrheit, die absolute Wirklichkeit.« Der schwarze weiße Stein der Kaaba meint zugleich im Sinne des Archetyps des Selbst die Gegensatzvereinigung, die Ganzheit, im Sinne der Legende die Wiedervereinigung von Mann und Frau. Er meint den eigentlichen Schatz in der Tiefe und kommt zugleich aus der Höhe des Paradieses, aus der die ewige Weisheit stammt. Er bildet den Eckstein der Kaaba, deren kubische Gestalt ebenfalls Ganzheit symbolisiert.

Der Prophet

»Es kommt dem Menschen nicht zu,
daß Gott mit ihm spricht,
es sei denn durch Eingebung oder
wie hinter einem Vorhang,
oder er sendet einen Boten,
der ihm eingibt mit seiner Erlaubnis,
was er will.
Er ist erhaben und weise.
So gaben wir auch dir ein
Geist von unserm Entscheid.
Nicht wußtest du, was das Buch,
was der Glaube ist.
Doch wir machten es zu einem Licht,
mit dem wir leiten,
wen wir von unsern Dienern wollen.«   Sure 42, 51f.

Mohammed wurde um das Jahr 570 nach Christus in Mekka als Sohn des Abdallah und der Amina geboren. Bei seiner Empfängnis sollen die Tiere geredet und ihn als künftigen Imam oder Führer der Welt ausgerufen haben. Die Throne der Könige seien umgestürzt und die Tiere des Ostens zu denen des Westens geeilt, um ihnen die Freudenbotschaft zu bringen. Bei seiner Geburt habe Amina ein Licht gesehen, von dem die Schlösser Basras in Syrien erglänzten. Engelscharen hätten sie umstanden und ihre Flügel um sie gebreitet: Tal und Hügel von lobsingenden Engelscharen erfüllt. Das eben geborene Kind aber habe zum Gebet die Hände auf den Boden und den Kopf zum Himmel empor gerichtet.

Mohammed bedeutet »der Vielgepriesene«. Seine Familie gehörte zu einem verarmten Seitenzweig des mekkanischen Stammes der Kuraischiten. Abdallah starb noch vor der Geburt seines Sohnes. Abdallah bedeutet »Knecht Gottes«. Der Name erinnert an den Einen Gott, den Herrn und Schöpfer der Welt. Weil Amina arm war und damals in Mekka eine Hungersnot herrschte, übergab Abd-al-Muttalib, Mohammeds Großvater, das Kind einer Amme aus einem benachbarten Beduinenstamm. Dort wuchs Mohammed zusammen mit dem Sohn der Amme unter den Hirten auf. Oft nahmen diese die beiden Jungen mit, wenn sie ihre Herden in den Bergen der Steppe hüteten. Zu jener Zeit – erzählt die Legende – habe Mohammed mit seinem Milchbruder hinter den Zelten das Vieh geweidet. Da seien zwei Männer in weißen Kleidern mit einem goldenen Becher gekommen, darin Schnee war. Die hätten ihm das Herz aus dem Leibe geschnitten, es gespalten und einen schwarzen Klumpen herausgeholt, dann aber sein Inneres gewaschen mit dem Schnee. Und einer hätte zum andern gesagt: »Wiege ihn gegen hundert aus seinem Volk!« Doch sei er selbst schwerer als tausend gewesen. Nur durch sein ganzes Volk würde er aufgewogen!

Als Mohammed sechs Jahre alt war, holte ihn die Mutter zu sich zurück, starb aber noch im gleichen Jahre. Mohammed war nun ein Waisenkind. Sein Großvater nahm ihn zu sich. Doch nach zwei Jahren starb auch Abd-al-Muttalib. Nun sorgte sein

Onkel Abu Talib für ihn, der großen Einfluß in der Stadt besaß und Besitzer eines reichen Handelshauses war. Den zwölfjährigen Mohammed nahm der Onkel zum ersten Mal auf eine Karawanenreise nach Syrien mit. Damit entschied er, daß Mohammed Kaufmann in seinem Handelsgeschäft werden sollte.

Es darf nicht wundernehmen, daß sich die Legende auch dieses Ereignisses angenommen hat, indem sie – wie bei der Erzählung vom zwölfjährigen Jesus – die eigentliche, außerordentliche Bestimmung gleich mit Beginn des Berufslebens durchblicken läßt. Sie erzählt: In Basra, wohin die Karawane führte, lebte der Mönch Bahira. Dieser hatte sich sonst nie um die Mekkaner gekümmert. Als sie jedoch in diesem Jahr an seiner Klause vorüberkamen, lud er sie zu einem großen Mahl ein. Ihm war nämlich aufgefallen, daß eine Wolke Mohammed beschattete und nicht von ihm wich. Selbst über den Baum, darunter er sich gelagert hatte, breitete die Wolke Schatten, während sich die Zweige so über ihn bogen, daß sie ihm Kühlung spendeten. Als nun die Mekkaner zum Mahl erschienen waren, fehlte Mohammed. Bahira schaute sich vergeblich nach ihm um, denn er erblickte nicht das Zeichen, das er aus seinem Buch kannte, darin die Merkmale aufgezeichnet waren, die den künftigen Propheten erkennen ließen. Auf seine Fragen entgegneten sie ihm, daß sie den Jüngsten beim Gepäck unter dem Baum zurückgelassen hätten. Als Mohammed dann auf Wunsch Bahiras hinzukam, erkundigte sich dieser nach seinen Träumen und körperlichen Zeichen. Alles war so, wie es in dem Buch geschrieben stand. An einer bestimmten Stelle zwischen den Schultern entdeckte er das Siegel der Prophetenschaft. Dann fragte er Abu Talib, wie er mit dem Jungen verwandt sei. Da Abu Talib ihn wie einen Sohn aufgenommen hatte, antwortete er: »Ich bin sein Vater.« »Das stimmt mit dem Buch nicht überein«, entgegnete der Mönch. »Du hast recht«, gab Abu Talib zu, »der Vater ist gestorben, als seine Frau mit dem Jungen schwanger war.«

Unter Abu Talib wuchs Mohammed zum Mann heran. Bald leitete er selbständig Karawanen im Auftrag des Onkels. Die Karawanenbegleiter, so heißt es, ordneten sich im bereitwillig unter. Sie schätzten seinen edlen Charakter, seine Hilfsbereitschaft und Aufrichtigkeit. Bald hieß er überall im mekkanischen Volk Amin, »der Treue«.

Wir wissen nicht, ob der folgende Bericht zur Legende gerechnet werden muß oder eine geschichtliche Überlieferung enthält. Auf jeden Fall deutet die Erzählung auf Künftiges hin. Die Mekkaner beschlossen zu jener Zeit, das Haus Gottes, die Kaaba, neu zu bauen. Als sie den Bau einrissen, sollen sie in den Grundmauern eine alte syrische Schrift gefunden haben, die ein Bekenntnis zum Einen Gott enthielt. Beim Wiederaufbau übernahm es jeder Unterstamm der Kuraischiten, Steine herbeizuschaffen und einen bestimmten Teil des neuen Baus zu errichten. Als sie jedoch bis auf die Höhe kamen, wo der schwarze Stein in das Bauwerk eingefügt werden mußte, kam es unter ihnen zum Streit. Jeder Unterstamm beanspruchte das Vorrecht, den heiligen Stein in das Heiligtum einzulegen. In dieser gespannten Situation soll einer der Ältesten den Rat gegeben haben: »Laßt den ersten, der durch das Tor des Heiligtums eintritt, den Streit entscheiden!«, und dieser erste sei Mohammed gewesen. »Es ist Amin, der Treue«, sollen sie gerufen haben, »kein anderer soll unseren Streit entscheiden!« Mohammed habe sich ein Tuch bringen lassen und mit eigener Hand den Stein hineingelegt. Wie er es verlangte, hätten die Sprecher jedes Unterstammes das Tuch jeweils an einer Seite angefaßt und gemeinsam so den Stein auf die richtige Höhe gehoben. Mohammed aber habe ihn in das Bauwerk gefügt. Es sei dies das erste Mal gewesen, daß Mohammed sein Volk einigte.

Mohammed hat aus der Verwandtschaft mit Abu Talib kaum materielle Vorteile gezogen. Materielle Unabhängigkeit erlangte er erst durch die Heirat mit Chadidscha, einer reichen und vornehmen Kaufmannswitwe, in deren Handelshaus er zunächst als Angestellter tätig war und Karawanen nach Syrien begleitete. Damals war Mohammed 25 und Chadidscha 40 Jahre alt. Die Ehe ist nach allem, was wir wissen, sehr glücklich gewesen. Sie bewährte sich in den inneren Krisen, die Mohammeds Suchen nach letzter religiöser Gewißheit begleiteten.

Es wird vielleicht eine nie restlos aufzulösende Frage sein, aus welchen Quellen Mohammed seine religiösen Kenntnisse geschöpft hat und welche Einflüsse dabei auf ihn eingewirkt haben. Manche Überlieferung der Juden und Christen mag er auf seinen Karawanenreisen nach Syrien kennengelernt haben. Dabei werden ihm von den syrischen Christen nicht nur orthodoxe Anschauungen vorgetragen worden sein. Der Orient war eine Zufluchtsstätte mancher Lehren und Legenden, die die Reichskirche als häretisch ablehnte. Im Orient erhielt sich eine ständige Opposition gegen die Kirche des byzantinischen Kaisers. Mekka lag religiös außerdem im Spannungsfeld zwischen dem monophysitischen Christentum Ägyptens, das in Christus nur eine Ausstrahlung seiner göttlichen Natur erkannte, und dem nestorianischen Christentum im Partherreich des Ostens, das mehr die menschliche Natur Christi betonte. Die religiöse Ausstrahlung des Judentums in Arabien war bedeutend. »Damals bestanden geschlossene jüdische Siedlungen in Taima, Fadak, Chaibar, Wadi l-Kura und in Medina« (R. Paret, Mohammed und der Koran, S. 10).

Es ist aber vielleicht nicht einmal notwendig, in die Ferne zu schweifen; es ist durchaus möglich, daß Mohammed in Mekka selbst auf die Quellen stieß, die sein religiöses Denken beeinflußten. Waraka, der Vetter der Chadidscha, war Christ. Neuere Forschung hält sogar einen vorislamischen christlichen Kult an der Kaaba für möglich. Die 360 Götzen der Kaaba können durchaus christliche Heilige gewesen sein, indem man nach altsyrischem Brauch für jeden Tag einen bestimmten Heiligen als Patron einsetzte. Es wird immerhin berichtet, Mohammed habe die Bilder von den Wänden der Kaaba abwaschen lassen, über das Bild Jesu und seiner Mutter aber schützend die Arme gebreitet. Erst 60 Jahre später sei das Bild entfernt worden (vgl. W. Beltz, Die Mythen des Koran, S. 100). Wie dem auch sei, es muß ein gnostisch gestimmtes Christentum gewesen sein, mit dem Mohammed in Berührung kam. Mit Recht weist W. Beltz auf verwandte Züge zur koranischen Darstellung biblischer Gestalten und Propheten in der sogenannten sethianischen Gnosis hin, die wir aus den Funden von Nag Hammadi kennen. »Adam, Seth, Mose werden zu Lehrern, zu Mittlern des Wissens von der Erlösung gemacht. Wie in der Gnosis die Erkenntnis, so ist im Islam das Wissen die Voraussetzung für das Heil. Der grundlegende Unterschied der Gnosis, und darin liegt auch die große mythopoetische Leistung Mohammeds, besteht in der Aufhebung des gnostischen Dualismus, der die Propheten in gute und falsche einteilte, weil er von der Existenz zweier rivalisierender Mächte ausging, während Mohammed diesen Dualismus in der Allmacht Allahs aufgehoben sah« (W. Beltz, ebd., S. 94f.). Ein Beispiel für die

Übernahme judenchristlich gnostischer Mythen haben wir bereits in der koranischen Erzählung von dem Urmenschen Adam kennengelernt, in den Gott sein gesamtes Wissen als Offenbarung aus der Lichtwelt hineingelegt hat (vgl. W. Beltz, ebd., S. 101). Und sollte nicht der rätselhafte Vers 42 aus Sure 35: die Mekkaner hätten bei Gott die heiligsten Eide geschworen, sich, falls ein Warner zu ihnen komme, besser leiten zu lassen als die anderen Gemeinschaften – darin seine Erklärung finden, daß die Vorstellung und Erwartung eines noch ausstehenden Gesandten aus judenchristlich gnostischer Tradition in Mekka schon vor Mohammed lebendig war?

Diese Ausführungen sollen nicht vergessen machen, was im voraufgehenden Kapitel über den arabischen Urmonotheismus gesagt worden ist. In seinen Umkreis gehören wohl jene altarabischen Gottsucher mit der rätselhaften Bezeichnung Hanifen. »Vereinzelt muß es im alten Arabien schon vor Mohammed nachdenkliche, grüblerisch veranlagte Menschen gegeben haben, die in der einheimischen religiösen Tradition keine Befriedigung mehr fanden und um so bereitwilliger Ideen aufgriffen und sich zu eigen machten, die von Christen und Juden – wenn man so sagen darf – laufend angeboten wurden. Daß sie sich im besonderen zum Monotheismus bekannten, läßt sich mittelbar aus dem koranischen Sprachgebrauch erschließen. Hier hat der Ausdruck Hanif etwa die Bedeutung ›muslimischer Monotheist‹. Er wird meist auf Abraham... angewandt. Und an vielen Stellen wird ausdrücklich hinzugefügt, daß der als Hanif Bezeichnete ›nicht zu den Heiden (Polytheisten, muschrikun) gehört hat‹« (R. Paret, Mohammed und der Koran, S. 17). Vielleicht läßt sich aber doch noch etwas mehr dazu sagen. Merkwürdigerweise hat der Ausdruck Hanif, der wohl ein aramäisches Lehnwort darstellt, ursprünglich gerade »Heide« bedeutet. Das könnte damit zusammenhängen, daß die Hanifen nach einem dritten Weg neben Juden und Christen fragten. Aber diese Erklärung wird allein nicht ausreichen; vielmehr wird das Wort Hanif sich mit der Vorstellung des Sterndienstes verbunden haben. Nach jüdischer Überlieferung gilt Abraham als der Erfinder der chaldäischen Sternkunde und der Astrologie. Bereits Philo von Alexandrien übersetzt »Abraham der Hebräer« mit »Abraham der Chaldäer«. Wenn der Koran Abraham hinter den Sternen den Einen Gott erkennen läßt, dann ist er der monotheistische Chaldäer, der in der Schöpfung den Schöpfer erkennt, und diesen Sinn wird das Wort Hanif inzwischen angenommen haben. Ein Hanif war daher ein Monotheist in der Völkerwelt, ohne selbst Heide zu sein, kein Jude oder Christ, wohl aber ein Träger der abrahamischen Urreligion. (Zu dem vielschichtigen Problem: N. A. Faris, Harold W. Glidden: The Development of the Meaning of the Koranic Hanif, in: Der Koran, hrsg. von R. Paret, S. 255 ff.)

Eine besondere Rolle spielten im heidnischen Arabien die »Wahrsager« (Kahin) oder Seher. Man pflegte sie »in wichtigen Stammesangelegenheiten zu Rate zu ziehen, besonders vor kriegerischen Unternehmen, aber auch in Angelegenheiten des Privatlebens. Sie konnten Träume deuten, verirrte Kamele ausfindig machen und Verbrechen aufklären. Ihr Wissen beruhte auf Inspiration, und diese verdankten sie ihrer Meinung nach einem Geistwesen, das verschieden benannt wurde: Sahib (Gefährte), Tabi (Begleiter), Ra'i oder Ri'i (Seher) oder einfach Dschinn. Das Geistwesen war eine Art zweites Ich des Wahrsagers. Die beiden standen fast wie in einem Verwandtschaftsverhältnis zueinander« (R. Paret, Mohammed und der Koran, S. 22). Ähnlich wurde vom Dichter angenommen, daß er madschnun, das heißt von einem Dschinn besessen sei, dem er seine Eingebungen verdanke. Der Kahin verwendete für seine Wahrsprüche eine Art Reimprosa, »das heißt kurze, rhythmisch, nicht wie in der Dichtung metrisch gebaute Sätze und Satzteile, die durchgehend oder auch wechselnd aufeinander reimten, also genau so, wie das vor allem bei den ältesten Stükken des Korans der Fall ist. Die formale Übereinstimmung zwischen den Sprüchen der Wahrsager und den alten koranischen Verkündigungen geht aber noch weiter. Die Rede erfolgt in der zweiten Person, denn der eigentliche Sprecher ist das Geistwesen, während der Wahrsager (ebenso wie Mohammed im Koran) angesprochen wird. Ganz besonders ist die Tatsache zu beachten, daß der Kahin seinen Wahrspruch mit auffallenden Eiden beteuert, indem er etwa bei Himmel und Erde, bei den Gestirnen, bei Licht und Finsternis, bei bestimmten Tieren oder Pflanzen schwört. Denn mit eben solchen auffallenden, uns zum Teil kaum verständlichen Schwüren hat Mohammed einige seiner frühesten Verkündigungen eingeleitet. Diese mehr als zufällige Übereinstimmung in der Verwendung sprachlicher Stilmittel muß schon den Zeitgenossen des Propheten aufgefallen sein. Sonst hätten sie ihn schwerlich eben als Wahrsager (kahin) bezeichnet (52, 29; 69, 42)« (ebd., S. 22f.).

Für das Auftreten dieser aufgeregten Männer mochten die sozialen Spannungen der damaligen Zeit besonders geeignet gewesen sein. Die Kuraischiten nahmen »gegen Ende des 6. Jahrhunderts die strategischen Vorteile wahr, die ihnen die geographische Lage ihres Landes einbrachte: die Tatsache, daß die Handelsstraßen, die das Abendland mit Indien verbanden, über Mekka führten, verschaffte der Stadt eine Monopolstellung, die sie auszunutzen wußte« (Rizzitano, Mohammed, S. 21f.). Zudem vereinigte der Gottesfrieden des Monats Ramadan die arabischen Stämme. Auf sicheren Wegen brachten die Karawanen neben den Opfergeschenken ihre Waren mit. Datteln von den Oasen, Weihrauch aus dem Südreich der Könige von Saba, Waffen, Getreide und Öl, Stoffe aus Baumwolle, ja sogar Edelsteine und Seide aus Indien und China gelangten zum Zwischenhandel in die Stadt. Die Kuraischiten gaben den Wallfahrern Wasser und Brot zu Wucherpreisen. Nur gegen ein Wuchergeld erlaubten sie ihnen, in der Kaaba zu beten und Opfergaben darzubringen. So bildete sich eine reiche Oberschicht. Die Sklaven und Armen wurden in besondere Wohnviertel verbannt. Da die Reichen immer mehr Geld an sich brachten, mußten die Ärmeren von ihnen leihen. Sie konnten es nur zu einem Wucherzins von mindestens 50 Prozent. Die reiche Stadt war mit Bettlern überfüllt. Die inneren Stammesbindungen lockerten sich. Plutokratie und Proletariat in Mekka führten zur Frage nach einer gerechteren Gesellschaft. Daneben verband sich wohl ein »Drängen merkantiler Kräfte in den arabischen Städten nach einer Einheit, die die Handelswege sicherte« (W. Beltz, Die Mythen des Koran, S. 8) mit einer stärkeren Individualisierung des einzelnen, die sich aus der Lockerung der Stammesbindung ergab. Mohammed wird mit der Verkündigung des Islam diesen Bedürfnissen einen religiösen und dann auch politischen Ausdruck verleihen.

In der Nähe der Stadt liegt der Berg Hira. Mohammed zog es in die Einsamkeit hinaus. In der Höhle des Berges durchwachte er die Nächte in religiösen Betrachtungen. Viele Tage hintereinander brachte er in der Einsamkeit zu. Oft kehrte er zu Chadidscha nur zurück, um sich Lebensmittel für eine weitere Anzahl von Tagen zu holen. Im Monat Ramadan hielt sich Mohammed wieder in der Höhle auf. Es kam die Nacht, die die heiligste Nacht im Leben Mohammeds werden sollte, die Nacht Al-Kadr. Lailat al-Kadr, das ist Nacht des Schicksals, Nacht der Bestimmung, Nacht der Macht. In der Nacht Al-Kadr brachte Gabriel den Koran aus dem siebten Himmel hernieder. Sie ist eine der letzten fünf ungeraden Nächte des Monats Ramadan. Von ihr sagt die nach ihr benannte Sure 97:

»Wir haben ihn in der Nacht Al-Kadr herabgesandt.
Aber weißt du, was die Nacht Al-Kadr ist?
Die Nacht Al-Kadr ist besser als tausend Monate.
In ihr steigen die Engel und der Geist herab
mit Erlaubnis ihres Herrn,
seine Entscheide.
Frieden ist sie,
bis der Morgen aufglüht.«

Nach langem Wachen war Mohammed in der Nacht Al-Kadr in Schlaf gesunken. Öfter schon hatte er Träume, ehe der Morgen aufglühte. Jetzt aber sah er es ganz deutlich. Ein Bote stand vor ihm, gewaltig an Kraft. In den Händen hielt er eine mit Schriftzeichen bedeckte Schriftrolle, ein Tuch wie aus Brokat, darauf die Buchstaben funkelten. Näher und näher trat der Bote an ihn heran. »Lies!« rief der Engel mit mächtiger Stimme. »Ich kann nicht lesen«, rief Mohammed in Angst. Da preßte der Bote Gottes das Tuch auf ihn. »Lies!« rief er wieder. »Ich muß sterben«, antwortete Mohammed, »ich kann nicht lesen!« Doch der Engel ließ nicht von ihm ab. Ihm war, als würgte ihn der Engel mit dem funkelnden Tuch. »Lies!« hörte er zum dritten Mal. In Todesangst stieß er die Frage aus: »Was soll ich lesen?« Dann aber hörte er, wie der Engel ihm vorsprach:

»Lies im Namen deines Herrn,
der erschaffen hat,
erschaffen hat den Menschen
aus geronnenem Blut.
Lies! Dein Herr ist der Gütigste,
der durch die Feder lehrt,
den Menschen lehrt,

was er nicht gewußt.
Wahrlich, aufsässig ist der Mensch,
der sich unbedürftig meint.
Doch die Rückkehr ist zu deinem Herrn!« Sure 96, 1–8

Noch im Schlaf wiederholte Mohammed Wort um Wort, was ihm der Engel vorgesprochen hatte. Dann entfernte sich der Engel von ihm. Als Mohammed aufwachte, war ihm, als sei die Buchrolle in sein Herz herabgestiegen. Mohammed erhob sich noch in der Nacht. Er bestieg den Berg. Doch als er aufblickte, sah er am Horizont die Gestalt eines riesengroßen Mannes. Geblendet wendete er sich ab. Doch auch dort stand der Engel. Wohin er auch schaute, von allen Seiten blickte ihn der Engel an. Wohin sollte er fliehen? Schließlich wich die Erscheinung.

Verstört kehrte Mohammed nach Hause zurück. War er besessen? War er geisteskrank geworden? Er stürzte zu Chadidscha. Er legte den Kopf auf ihre Knie. Sein Herz zitterte. »Ich fürchte für mein Leben!« gestand er ihr. Mit stockender Stimme erzählte er sein Erlebnis. »Hüllt mich doch ein«, rief er zwischendurch immer wieder aus. »Hüllt mich doch ein, daß ich nichts mehr sehe! O Chadidscha, ich sehe ein Licht und höre eine Stimme. Ich fürchte, ich bin ein Kahin geworden!« Da tröstete Chadidscha ihren Mann: »Gott hat dich nicht verlassen. Du bist nicht besessen. Kein Wahrsagegeist ist in dich gefahren. Gott hat dich erwählt zum Propheten deines Volkes. Der Engel Gabriel ist zu dir gekommen, wie er zu Mose kam.« Das sagte auch Waraka, Chadidschas Vetter. Zu ihm hatte sie eilig gesandt, daß er ihr helfe, Mohammed wieder aufzurichten.

Wie jeder wahre Prophet mußte Mohammed um die Echtheit und Bedeutung seiner Berufung ringen. Es gibt Spuren im Koran, die darauf hindeuten, daß Mohammed diese Vision ursprünglich für eine Gotteserscheinung gehalten hat. Unter Todesschrecken und Todesschock erschien ihm im Selbstzeugnis des projizierten Seelenbildes Gott selbst. In Sure 53, 5–10 spricht der Koran von dem »Starken an Kraft, dem Herrn der Einsicht«, der »aufrecht im höchsten Horizont stand« und ihn die Koranoffenbarung lehrte. Schließlich bearbeitete er die ungeheure Gestalt, die ihm erschienen war, zur Erscheinung des Engels. Sicher haben die Auseinandersetzungen im engsten

Kreise unter Mitwirkung der Chadidscha und Warakas zur Klärung beigetragen. Dabei wird die Frage lange nachgezittert haben: War es Gott, war es wirklich der Engel, oder war es ein Geist, der sich seiner bemächtigte? Hatte ihn wirklich Gott berufen, oder sollte er einer der besessenen Wahrsager werden, die von Zeit zu Zeit das Volk von Mekka beunruhigten? Manchmal dachte er daran, seinem Leben ein Ende zu setzen. Immer wieder tröstete ihn Chadidscha. Sie war die erste, die ihm glaubte. Sie glaubte an seine Sendung, als Mohammed noch mit Zweifeln rang, ob Gott wirklich zu ihm gesprochen habe.

Dann aber sprach der Engel zu ihm ein zweites Mal. Diesmal sah er den Engel nicht, aber er hörte eine Stimme:

»Beim Morgen und der Nacht,
wenn alles still!
Dein Herr hat dich nicht verlassen
und haßt dich nicht.
Hat er dich nicht als Waise gefunden
und nahm dich auf?
Hat er dich nicht im Irrtum gefunden
und leitete dich?
Hat er dich nicht arm gefunden
und machte dich reich?
So verkünde nun die Gnade deines Herrn!«

Sure 93, 1–3. 6–8. 11

Drei Jahre lang verkündete Mohammed sein Erlebnis nur wenigen Vertrauten. Deutlich unterschied er zwischen seinen eigenen Gedanken und den Worten, die ihm die Stimme ins Herz herabsandte. Auf sie mußte er achten. Er wollte nur das Werkzeug sein, durch das Gott die Botschaft weitergibt, die der Engel ihm vorsprach. Kein eigenes Wort durfte sich da einmengen. Bis an sein Lebensende wird die Stimme über ihn kommen, Mal um Mal. Wenn die Verse, die er nachsprechen sollte, in ihn eindrangen, stürzte er zu Boden, als läge ein Gewicht auf ihm, das ihn erdrückte. Gehüllt in seinen Mantel, vernahm er Wort für Wort. Dann erhob er sich und trug vor, nicht seine, sondern, wie er inneren Kriterien zu entnehmen glaubte, Gottes Verse.

Dermenghem hat uns eine sehr anschauliche Beschreibung der psychologischen Begleitumstände gegeben, unter denen die Koranoffenbarung vom Propheten empfangen wurde: »Wenn Mohammed das Nahen der Offenbarung spürte, überkamen ihn Frösteln und Schaudern, und er ließ sich gewöhnlich einen Schleier oder Mantel reichen ..., unter dem man ihn stöhnen, röcheln und schreien hörte. Nach den Offenbarungen war er schweißgebadet und litt an Kopfschmerzen, die er mit Umschlägen behandelte. Erwähnt wird auch eine krampfartige Muskelspannung. Nach der feierlichen Verkündigung der Abschiedswallfahrt, als der Prophet auf einem Kamel saß, warf die Wucht eines herabsteigenden Verses (des letzten) das Tier auf die Knie. Bei der Offenbarung des Verses IV, 96 gegen die Lauheit im Heiligen Krieg ließ der Prophet seinen Sekretär Zaid ibn Thabit herbeirufen. Es kam ein Blinder hinzu, der sich über unverschuldete Vorwürfe beklagte. Mohammeds Schenkel lag auf dem Bein von Zaid und bekam plötzlich ein so erdrückendes Gewicht, daß Zaid um seine Knochen fürchtete. Es war eine herabsteigende aja (Vers), die besagte, daß für Gebrechliche eine Ausnahme gelten sollte. Irgendein Mann wandte sich an Omar mit der Bitte, Mohammed während einer Offenbarung sehen zu dürfen. Eine Gelegenheit bot sich auf der Straße nach Mekka. Es war eine Frage über die Wallfahrt gestellt worden. Mohammed schwieg. Dann überkam ihn eine Offenbarung; Omar lüftete den Schleier und zeigte dem Fremden den Propheten in seinem Trancezustand. Sein Gesicht war rot, seine Atmung laut ›wie das Stöhnen eines Kalbs‹; dann fiel er in einen Erstarrungszustand, erwachte und sagte sogleich: Wo ist der Mann, der mich etwas gefragt hat?« (E. Dermenghem, Mohammed, S. 30 f.).

Für die Echtheit seiner Inspiration spricht wohl auch Sure 75, 16–18: »Rühre deine Zunge nicht, es zu beschleunigen. Es ist unsere Aufgabe, ihn (den Koran) zu sammeln und zu verlesen. Und wenn wir ihn verlesen haben, so folge seiner Verlesung!« Tor Andrae sagt dazu: »Viele Inspirierte haben beobachtet, daß jede Spur von Absicht, jede eigene Initiative den freien spontanen Fluß der Inspiration nachteilig beeinflußt. Der Prophet darf nicht die Zunge rühren, um gleichsam im voraus die Worte zu formen, die der Engel reden wird. Er soll nur ruhig und still auf die Lesung des Engels warten, gewiß, daß die göttlichen Worte unauslöschlich in seinem Gedächtnis haften werden (Sure 87, 8)« (Mohammed, Sein Leben und sein Glaube, S. 39f.). Mohammeds spätere Lieblingsfrau Aischa berichtet: »Ich sah einmal, wie die Offenbarung an einem sehr kalten Tag über Gottes Apostel kam. Als sie beendet war, triefte seine Stirn von Schweiß.« Nach einer anderen Überlieferung wurde er einmal gefragt: »Merkst du, wenn die Offenbarung über dich kommt?« Er antwortete: »Ich höre ein Getöse, und bei diesem Getöse werde ich wie vom Schlage getroffen. Niemals kommt die Offenbarung zu mir, ohne daß ich glaube, meine Seele würde von mir genommen.« Ein andermal soll der Prophet gesagt haben: »Die Offenbarung kommt in zweierlei Gestalt zu mir: Gabriel besucht mich und teilt sie mir mit, wie ein Mann zum anderen redet, aber was er redet, verschwindet mir dann. Oder es kommt zu mir mit einem Getöse wie von einer Glocke, so daß mein Herz verwirrt wird. Was mir so offenbart wird, verschwindet mir nicht« (ebd., S. 40).

Mohammed gehört dem auditiven prophetischen Typ an, das heißt, er hörte unter den genannten Umständen die Stimme, sah aber nicht die Gestalt. Vielleicht hat er überhaupt nur zweimal den »Starken an Kraft« gesehen: bei der Berufung und, Jahre später, bei jener Nachtreise, von der Sure 17, 1 die kurze Mitteilung macht:

»Preis sei ihm, der eines Nachts seinen Diener
von der heiligen Moschee zur fernsten Moschee geführt hat,
deren Umgebung wir gesegnet haben,
damit wir ihm unsere Zeichen zeigen.
Er ist es, der hört und sieht.«

Die Überlieferung hat diese Traumvision ins Gewaltige gesteigert. Es wird sich schwer ausmachen lassen, was davon auf den mündlichen Bericht des Propheten zurückgeht. Vor seinem inneren Auge stand das Reittier Burak. Burak ist das Sinnbild des prophetischen Geistes. Auf ihm sollen alle Propheten geritten sein, wenn der Geist sie über die Welt hinaushob. Sein Huf setzt mit jedem Schritt so weit, wie der Blick reicht. Schon sieht sich der Prophet auf Burak gehoben, und der Engel begleitet ihn. Er gelangt in der Schau nach Jerusalem. Dort sind Abraham, Mose und Jesus versammelt inmitten anderer Propheten.

Mohammed tritt als Vorbeter vor sie hin. Auf einer Lichtleiter steigt er empor bis vor den himmlischen Thron.

In Sure 53, 1–18 dürften die beiden visionären Begegnungen mit der Offenbarungsgestalt festgehalten sein:

»Beim Stern, wenn er sinkt!
Euer Landsmann irrt nicht,
noch täuscht er sich,
noch spricht er aus Neigung.
Es ist nichts anderes als
eine geoffenbarte Offenbarung.
Gelehrt hat es ihn
der Starke an Kraft,
der Herr der Einsicht.
Er stand aufrecht da
im höchsten Horizont.
Dann näherte er sich,
näher und näher:
bis auf zwei Bogenlängen und
näher als das.
Da offenbarte er seinem Diener,
was er offenbarte.
Nicht trog ihm das Herz,
was er sah.
Wollt ihr ihm bestreiten,
was er sah?
Er hat ihn ja auch ein andermal
kommen gesehn:
beim Lotusbaum,
über den kein Weg,
neben dem der Garten
des Aufenthalts,
da den Baum umhüllte,
was da umhüllte.
Da wich sein Blick nicht ab,
noch überhob er sich.
Fürwahr, er sah die größten Zeichen
seines Herrn.«

Die Zahl der Anhänger des Propheten wuchs in der Stille. Sie trafen sich heimlich in den Schluchten außerhalb von Mekka, um dort die Gebete zu verrichten, zu denen Gabriel den Propheten verpflichtet hatte. Die neue Religion konnte nicht länger verborgen bleiben. Damals herrschte eine Hungersnot in Mekka. Zu den Anhängern Mohammeds hatten sich viele Arme gesellt, die von den vornehmen Kuraischiten als Gesindel verachtet wurden. Immer dringender hörte Mohammed die Stimme, die ihn aufforderte, öffentlich zu mahnen:

»O du Verhüllter,
steh auf und warne!«   Sure 74, 1

Der Richter
und Schöpfer der Welt

Die frühe Verkündigung Mohammeds kreist um den Gerichtsgedanken und um die Botschaft vom gütigen Schöpfergott. In sie eingebettet ist die Forderung sozialer Gerechtigkeit. Die frühen Suren, die den Gottesgedanken zum Ausdruck bringen, sind von größter Eindringlichkeit und sprachlicher Glut. Die Stunde des Gerichtes pocht:

»Die Pochende.
Was ist die Pochende?
Und wie kannst du wissen,
was die Pochende ist?
An dem Tag, da die Menschen
wie die zerstreuten Motten sind
und die Berge wie die
zerzauste Wolle!
Wessen Waagschalen schwer sind,
wird im angenehmen Leben sein.
Doch wessen Waagschalen leicht –
seine Mutter der Abgrund.
Und was macht dich wissen,
was das bedeutet?
Glühendes Feuer!« Sure 101

Einen Eindruck von der Sprachkraft der frühen Verkündigung und ihrer Reimprosa gibt Sure 81, 1–14 in der Übersetzung von M. Klamroth. Die Verse geißeln an bestimmter Stelle die grausame altarabische Sitte, unerwünschte neugeborene Mädchen lebendig zu begraben:

»Wenn die Sonne sich rollt zusammen,
Sich verdunkeln der Sterne Flammen;
Wenn die Berge rücken von ihrer Stelle,
Und niemand achtgibt auf trächtige Kamele;
Wenn die Tiere sich sammeln in Haufen,
Wenn die Meere sieden und überlaufen;
Wenn die Seelen sich den Leibern paaren
Und man von der lebendig Begrabenen wird erfahren,

Warum solch Geschick ihr widerfahren;
Wenn die Bücher sind aufgetan
Und abgestreift der Himmelsplan;
Wenn Gott die Hölle zündet an
Und den Garten läßt nahn:
Dann erfährt jede Seele, was sie getan.«

Geldgier, Ungerechtigkeit und fehlender sozialer Sinn führen in die Hölle hinab:

»Wehe über jeden Verleumder, Spötter,
der Geld und Gut zusammenscharrt
und zählt.
Er wähnt, daß sein Vermögen ihn
unsterblich macht.
Nein! Er wird ins Zermalmende
geschleudert.
Und wie kannst du wissen,
was das Zermalmende ist?
Das Feuer Gottes, das entfachte,
das über die Herzen schlägt!
Siehe, es schlägt über sie zusammen
in hohen Säulen!« Sure 104

Der Geldgierige ist zugleich der, »der das Gericht leugnet, der die Waise verstößt, der seine Angehörigen nicht zur Speisung der Armen anhält«, der den Bedürftigen »den Beistand verweigert« (Sure 107). Diese Menschen sind beherrscht von »der Sucht nach Mehr« (Sure 102) und verzehren das Erbe der Unmündigen (Sure 89, 19). Gott aber hat die Waage, das Gleichgewicht der Kräfte Himmels und der Erde, in den Kosmos eingeprägt und damit ein Vorbild dafür gegeben, daß der Mensch in jeder Hinsicht richtig wäge, das heißt Gerechtigkeit walten lasse:

»Und den Himmel,
er hob ihn empor,
und die Waage
stellte er hin,
daß ihr euch in der Waage nicht vergeht,

sondern wägt, wie es recht ist,
und das Gewicht nicht mindert.« Sure 55, 7–9

Damit klingt der Schöpfungsgedanke an. Die Schilderung eines Schöpfungsmythos gehört nicht zu den frühesten Suren. Näher liegt zunächst das Erlebnis, daß Gott hier und heute die Schöpfung hervorbringt:

»Der Mensch schaue doch auf seine Nahrung!
Siehe, wir gießen das Wasser in Strömen herab.
Dann spalten wir die Erde in Spalten
und lassen Korn auf ihr wachsen,
Weinstöcke und Klee,
Oliven und Palmen,
dicht bewachsene Gärten,
Früchte und Futter,
euch und eurem Vieh zum Genuß.« Sure 80, 24–32

Der Mensch braucht nur auf sich selbst zu sehen, um des gewaltigen Schöpfers innezuwerden, der zugleich die Macht hat, eine zweite Schöpfung, die Auferstehung, hervorzubringen:

»Der Mensch schaue auch, woraus er erschaffen ist.
Erschaffen ist er aus herausfließendem Wasser,
das zwischen Lende und Brustbein herauskommt.
Siehe, ER hat Macht, ihn wiederzubringen
am Tage, da das Verborgenste geprüft wird.
Er wird dann ohne Kraft und Helfer sein.«
Sure 86, 5–10

In späteren Suren wird der Auferstehungsgedanke geradezu in den Schöpfungsgedanken hineingelegt. So wie der Mensch in Stadien gestaltet wird, die eins aus dem andern hervorgehen, so wird auf diese Schöpfung die kommende folgen. Und wie Gott durch den Regen die Vegetation aus dem dürren Erdreich belebt, so wird seine Macht die Toten wieder zum Leben bringen:

»O ihr Menschen,
wenn ihr über die Auferstehung im Zweifel seid,
so haben wir euch ja aus Staub erschaffen,

dann aus einem Tropfen,
dann aus einem Embryo,
dann aus einem Fötus,
gestaltet und umgestaltet,
zum Erweis.
Und wir lassen ruhen in den Schößen,
was wir wollen,
bis zur bestimmten Frist.
Dann lassen wir euch als Kind hervorkommen,
dann eure Reife erlangen,
und der eine wird abberufen,
der andre erreicht das erbärmlichste Alter,
so daß er, was er wußte, nicht mehr weiß.

Und du siehst, daß die Erde dürre ist.
Wenn wir nun Wasser auf sie
herabkommen lassen,
dann regt sie sich und läßt wachsen
von der schönsten Art.
Dies deshalb, weil
Gott die Wahrheit ist
und die Toten zum Leben bringt,
weil er Macht hat über alles
und weil die Stunde
– daran ist kein Zweifel –
kommen wird
und Gott auferwecken wird,
die in den Gräbern sind.« Sure 22, 5–7

In die zweite mekkanische Periode (fünftes und sechstes Jahr nach Mohammeds Auftreten) gehört die folgende Schilderung, die bereits einen Schöpfungsmythos erkennen läßt:

»Sehen die, die ungläubig sind, denn nicht ein,
daß die Himmel und die Erde
eine zusammenhängende Masse waren,
worauf wir sie spalteten
und alles Lebendige aus dem Wasser machten?
Und wir schufen festgegründete Berge auf der Erde,
daß sie mit ihnen (den Menschen) nicht schwanke,

und wir machten ihnen auf ihr breite Pfade,
daß sie rechtgeleitet würden.
Und den Himmel machten wir zu einem
geschützten Dach,
und doch wenden sie sich ab von seinen Zeichen.
Und er ist's, der den Tag und die Nacht erschuf,
und die Sonne und den Mond.
Alle schweben sie in ihrer Sphäre.«

           Sure 21, 30–33

Erst in der dritten mekkanischen Periode (vom siebten Jahr des Auftretens bis zur Hidschra) kommt es zur ausdrücklichen Schilderung eines Sechstagewerkes:

»Sag: Wollt ihr denn den verleugnen,
der die Erde in zwei Tagen geschaffen hat,
und ihm seinesgleichen machen?
Dies ist der Herr in aller Welt!
Und er hat auf ihr die Berge,
die über ihr ragenden, geschaffen.
Und er hat sie gesegnet
und auf ihr Nahrung verteilt
in vier Tagen – für alle die,
die danach fragen.
Alsdann richtete er sich zum Himmel auf,
der ein Rauch war,
und sprach zu ihm und der Erde:
Kommt willig oder widerwillig!
Sie sprachen: Wir kommen willig!
Und er vollendete sie zu sieben Himmeln
in zwei Tagen
und wies jedem Himmel sein Amt.
Und den unteren Himmel schmückte er mit Lampen,
auch als Hut.
Dies ist geordnet von dem Mächtigen,
dem Wissenden.«   Sure 41, 9–12

(Die in der Mitte der Sure genannten vier Tage schließen die oben gezählten zwei Tage mit ein.)
Prägnant heißt es in Sure 10, 3:

»Siehe, Gott ist euer Herr,
der die Himmel und die Erde
in sechs Tagen geschaffen hat.
Dann setzte er sich auf den Thron,
um den Befehl zu übernehmen.«

In Sure 11, 7 wird davon gesprochen, daß Gottes Thron während des Sechstagewerkes über dem Wasser schwebte, damit er von dort aus die Menschen und ihre Werke prüfe. Gott zieht sich nach dem Riesenwerk der Schöpfung nicht, wie sonst im Urgottglauben angenommen wird, aus der Nähe der Menschen zurück, nein, als Lenker und Richter der Welt hat er von Anfang an seinen Thron bestiegen.

»Sind wir etwa durch die erste Schöpfung ermattet?
Und doch sind sie in Zweifel über eine neue Schöpfung«,

heißt es in Sure 50, 15 und an anderer Stelle:

»Wir haben doch die Himmel und die Erde,
und was dazwischen ist,
in sechs Tagen geschaffen,
und keine Ermattung erfaßte uns.«   Sure 50, 38

Gott ist dem Menschen näher als seine Halsschlagader (Sure 50, 16). Gott ist dem Menschen von allen Seiten nahe. Die Schöpfung ist nicht einfach ein fernes, vergangenes Geschehen, sondern unmittelbar gegenwärtig durch den Gott, der sie in jedem Augenblick neu erschafft. Dabei ist, wie wir bereits sagten, der Auferstehungsgedanke in den Schöpfungsgedanken hineingelegt. Gott läßt die Schöpfung jeden Augenblick neu ins Sein auferstehen und weist damit auf die Auferstehung am Jüngsten Tag voraus. Die Naturgesetze, so hat es später die islamische Theologie gelehrt, sind die Gewohnheiten Gottes. Alles hängt daran, von Gott umgriffen zu sein. Gott hat Himmel und Erde nicht zum Spiel erschaffen, sondern in Wahrheit (Sure 44, 38 f.). Die frühe Sure 78 gibt ein besonders eindrucksvolles Beispiel für das Ineinander des Schöpfungsgedankens und der Auferstehungserwartung mit den Bildern von Hölle und Paradies, die hier zum ersten Mal in einer koranischen Offenbarung ausgemalt werden:

»Worüber befragen sie sich untereinander?
Über die gewaltige Kunde,
über die sie uneinig sind?
Nein! Bald werden sie es wissen!
Nochmals:
Nein! Bald werden sie es wissen!
Haben wir nicht die Erde zu einem Lager gemacht
und die Berge zu Zeltpflöcken?
Und wir erschufen euch als Paare
und machten euern Schlaf zum Ausruhen,
und die Nacht zu einem Gewand
und den Tag zum Erwerb
und bauten über euch sieben Festen
und machten eine hellstrahlende Leuchte
und sandten aus den Wolken Wasser in Strömen,
um dadurch Korn und Pflanzen hervorzubringen
und dicht mit Bäumen bestandene Gärten.

Siehe, der Tag der Entscheidung ist festgesetzt,
der Tag, an dem in die Posaune geblasen wird.
Dann kommt ihr in Scharen.
Der Himmel öffnet sich
und wird zu Toren.
Die Berge bewegen sich, werden
zur Luftspiegelung.
Die Hölle ist ein Hinterhalt,
ein Heim für die Frevler.
Sie verweilen darin Äone.
Nicht werden sie kosten Kühlung
noch andres Getränk
als siedendes Wasser und
Jauche,
ein angemessener Lohn.
Siehe, sie haben eine Rechenschaft nicht erwartet,
sondern unsere Zeichen der Lüge geziehn.
Alles haben wir in einem Buch aufbewahrt.
So schmeckt nun!
Wir wollen euch die Strafe nur mehren.

Siehe, für die Gottesfürchtigen ist großes Glück:
Gärten und Weinberge,

Gleichaltrige mit schwellenden Brüsten
und ein Becher – gefüllt.
Sie hören dort weder Gerede noch Lüge.
Ein Lohn von deinem Herrn,
angemessenes Geschenk,
vom Herrn der Himmel und der Erde
und was dazwischen ist,
dem Erbarmer,
dem nicht dreinzureden ist.

Am Tag,
da der Geist und die Engel
in Reihen stehen,
wird nur sprechen,
wem es der Erbarmer erlaubt
und wer Rechtes spricht.
Dies ist der Tag, da es wahr wird.
Wer da will, nehme Zuflucht
zu seinem Herrn.
Siehe, wir warnen euch vor naher Strafe
an dem Tag, da der Mensch zu schauen bekommt,
was seine Hände vorausgeschickt haben,
und der Ungläubige spricht:
Wäre ich Staub!«

Die vielen im Koran verstreuten Einzelheiten über Gericht, Hölle und Paradies setzen sich zu einem Riesengemälde zusammen, das seinen Einfluß vermutlich auch auf Dante bei seinen Schilderungen in der »Göttlichen Komödie« ausgeübt hat. Tor Andrae hat uns davon eine dramatische Zusammenfassung gegeben: »Eine entsetzliche Naturkatastrophe, der Mohammed verschiedene geheimnisvolle Namen, Donnerschlag, Schrei, Krach, gibt, leitet das Gericht ein. Es bricht zugleich mit einem Posaunenstoß, der die Menschen vor den Richter ruft, an oder wird von ihm veranlaßt. Die Erde wird von einem schrecklichen Erdbeben erschüttert, sie öffnet sich und enthüllt, was in ihrem Schoß verborgen ist. Die Berge weichen von ihrem Ort, sie fließen wie bei einer Luftspiegelung zusammen, sie zerfließen in Asche und Staub. Das Himmelsgewölbe wankt, es zerbricht und weist klaffende Risse auf oder wird wie ein Buch zusammengerollt. Die Sonnenscheibe biegt sich zusammen, der

Mond spaltet sich und wird dunkel, die Sterne erlöschen oder fallen scharenweise vom Himmel... Beim ersten Posaunenstoß stürzen alle Lebenden, mit Ausnahme einiger besonders Auserwählter, betäubt zu Boden. Bei einem neuen Posaunenstoß stehen alle auf, und die Toten kommen aus ihren Grüften. Die Auferstehung geschieht in einem Augenblick... Hinter dem eingestürzten oder zusammengerollten Himmel erscheint der von acht Engeln getragene Thron (Gottes). Die himmlischen Heerscharen stehen in Reihen geordnet, und vor dem Thron versammeln sich die Menschen. Die Guten werden rechts, die Bösen links aufgestellt. Unter drückendem Schweigen beginnt die Gerichtsverhandlung, an Hand der Aufzeichnungen, die sich im Buch der Taten finden. Mit den Frommen wird milde abgerechnet. Aber die Sünder werden mit der strengsten Gerechtigkeit behandelt. Schon ihre dunklen, staubbedeckten düstern Gesichter zeugen gegen sie, während die Gesichter der Gerechten erstrahlen, vor Freude, daß sie ihrem Herrn begegnen dürfen. Seine Sünden kann niemand verleugnen. Außer den Worten der Bücher zeugen die Gliedmaßen der Sünder, ihre Hände, Füße und Zungen gegen sie. Aber (Gott) achtet genau darauf, daß keiner Seele ein Unrecht widerfährt. Die Propheten werden aufgerufen und bezeugen, daß sie ihre warnende Botschaft verkündet haben... Vergeblich versuchen die Bösen die Schuld auf die Dschinnen, die Satane zu schieben, die sie zum Götzendienst verleitet hätten. Diese lassen ihre ehemaligen Anhänger im Stich und behaupten, die Menschen hätten sie völlig aus eigenem Willen angebetet. In ihrer Verzweiflung suchen die Unglücklichen nach Helfern. Aber vergeblich. Keine Seele kann hier die Last einer anderen tragen« (Tor Andrae, Mohammed, Sein Leben und sein Glaube, S. 44f.).

Nach dem Urteil ergreifen die Engel »die Sünder, binden sie mit Ketten und schleppen sie unter Hieben und Schlägen fort. Sie sind hart und grausam und führen rücksichtslos (Gottes) strengen Befehl aus. Unter dem Befehl eines Oberengels, des Höllenwächters Malik, fahren sie dann fort, die Unseligen in der Hölle zu quälen. Sie lassen sie siedendes Wasser trinken, zermalmen ihre Gliedmaßen mit Eisenkeulen und bekleiden sie mit Gewändern aus Feuer« (ebd., S. 45f.).

Das Paradies hingegen »ist eine liebliche Gegend, von erfrischenden Strömen durchflossen, wo laubige Bäume Schatten spenden. Die Seligen ruhen auf Lagern und Kissen in Festgewändern aus Seide und Brokat gekleidet. Herrliche Fruchtbäume beschatten die Teilnehmer des himmlischen Gastmahls, Granatapfelbäume, Bananen, Weinstöcke und Palmen, deren Früchte sich von selbst herabneigen, wenn jemand sie pflücken will. Außerdem erhalten sie zur Nahrung Fleisch von allerlei Art und ›alles, was sie sich wünschen‹. Knaben, schön wie Perlen, gehen herum und schenken einen lieblichen Trank ein, der die Menschen nicht verleitet, töricht zu reden oder tadelnswerte Handlungen zu begehen und von dem man weder Kopfschmerzen erhält, noch betäubt wird. Zur Gesellschaft und zu Gemahlinnen erhalten sie ›schwarzäugige‹ Huris, von denen Mohammed zu erzählen weiß, daß sie jungfräulich, sittsam, besonders von (Gott) geschaffen sind. Obwohl der Koran kaum Anlaß zu einer solchen Auffassung gibt, hegt die älteste Überlieferung des Islam die entschiedene Auffassung, daß die Paradiesjungfrauen einst irdische Frauen gewesen sind. Man läßt den Propheten selber sagen: ›Es sind die gläubigen Frauen, auch die, welche als alte Greisinnen mit grauem Haar und triefenden Augen gestorben sind. Nach dem Tode schafft (Gott) sie um und macht sie zu Jungfrauen.‹ Daß Frauen und Kinder der Rechtgläubigen teil an den Freuden des Paradieses haben, ist für Mohammed selbstverständlich und wird an einigen Stellen besonders erwähnt« (ebd., S. 46).

Man hat dem koranischen Paradies vorgeworfen, daß in ihm eine Schenke zum Ort ewiger Seligkeit verklärt worden sei. Die »Paradiesschilderungen... erinnern in einigen Zügen auffallend an die Weinbude der alten Dichter« (G. Jacob, zit. in: R. Paret [Hrsg.], Der Koran, S. 65). Ist man freundlicher gesinnt, spricht man entschuldigend davon, daß hier wohl das karge Wüstenleben der Beduinen kompensiert wurde. Durchweg verurteilt man das grobsinnliche Verständnis der Ewigkeit und das offensichtliche Unvermögen, Geistiges geistig zu verstehen. Die Entschuldigung, daß diese Bilder symbolisch aufzufassen seien, räumt im allgemeinen diese Bedenken nicht hinweg. Man findet sie auch für eine symbolische Betrachtungsweise höchst ungeeignet.

Hier liegt eine kulturkreisbedingte Sperre vor, die bis heute nachwirkt und die nur ein ganz unabhängiger Geist im Reich des Sinnes und der Sinne durchbrechen konnte, Johann Wolfgang Goethe. Goethe hat im »Westöstlichen Diwan« dem koranischen Paradies ein eigenes Buch gewidmet. Nach dem Gedicht »Vorschmack« im »Chuld Nameh. Buch des Paradieses« entsendet zur Stärkung unseres Glaubens der Prophet

> »...den ewgen Räumen
> Ein Jugendmuster, alles zu verjüngen;
> Sie schwebt heran und fesselt, ohne Säumen,
> Um meinen Hals die allerliebsten Schlingen.
>
> Auf meinem Schoß, an meinem Herzen halt ich
> Das Himmelswesen, mag nichts weiter wissen;
> Und glaube nun ans Paradies gewaltig,
> Denn ewig möcht ich sie so treulich küssen.«

Goethes »Westöstlicher Diwan« ist vom koranischen Paradies durchblitzt. In der liebenden Begegnung von Mann und Frau erscheinen in der Tat zwei Himmelswesen, Anima und Animus, wie die Tiefenpsychologie sagt, seelischer Hintergrund der Seinstiefe, in den Farben des Paradieses gemalt, daran wir in der Liebesbegegnung hier und jetzt teilnehmen und uns zugleich tief erinnern. »Der echte Moslem spricht vom Paradiese als wenn er selbst allda gewesen wäre«, läßt Goethe sein Gedicht »Vorschmack« beginnen. Anima und Animus sind die tieferen Bild- und Bildekräfte von Mann und Frau in uns – das Paradies in uns –, die sich in der Liebe zu einem wahren Ich und Du entfalten und so den Menschen zum eigentlichen Selbst, zum ganzgewordenen Menschen, vollenden. Es spricht einiges dafür, daß die Paradiesjungfrau, die Huri, mit der iranischen Daena zusammenhängt. Diese bildet, wie G. Widengren es ausdrückt, die »geistige Persönlichkeit, die im Himmel geblieben ist«, die »nur zusammen mit der Seele des Menschen das ganze Ich des Individuums ausmacht«. In ihr begegnet die Seele nach dem Tod ihrem Selbst. Sie wird »als ein schönes Mädchen« vorgestellt, »mit der die Seele... sich wie ein Bräutigam mit der Braut vereint« (G. Widengren, Iranische Geisteswelt, S. 169f.). Der Gnosis ist diese Vorstellung als »Sakrament des Brautgemachs« bekannt. Gegenüber einem Persönlichkeitsideal, dem die liebend-erotische Dimension, die erst zur Ganzheit führt, fehlt, heißt es bei Goethe im »Buch Suleika«:

»Kann wohl sein! so wird gemeinet;
Doch ich bin auf andrer Spur:
Alles Erdenglück vereinet
Find ich in Suleika nur.

Wie sie sich an mich verschwendet,
Bin ich mir ein wertes Ich;
Hätte sie sich weggewendet,
Augenblicks verlör ich mich.«

Das Paradies beginnt hier; es leuchtet uns aus den koranischen Versen in die Seele und befreit deren auf eine Paradiesesfrau oder einen Paradiesesmann angelegte Tiefe. Wenn von einer »Schenke« die Rede sein soll, dann nur im Sinne jener Verse aus dem »Schenkenbuch« des Diwan:

»So hab ich endlich von dir erharrt:
In allen Elementen Gottes Gegenwart.«

Der Koran enthüllt eine Dimension des Paradieses, die der Mönch, der Priester, der Philosoph, der Theologe, die unseren Kulturkreis prägten, nicht geschaut haben: das Symposion der Liebenden als Bild der Ewigkeit.

Die Gesandten

Der Koran äußert die Überzeugung, daß jedem Volk zu bestimmtem Termin ein Gesandter (rasul) geschickt wurde und daß Gott keine Stadt zerstört, er habe ihr denn zuvor einen Warner gesandt.

»Es gibt kein Volk,
in dem nicht ein Warner entstand.«   Sure 35, 24

»Wir straften nie,
ohne zuvor einen Gesandten zu schicken.
Und wenn wir eine Stadt zerstören wollten,
sandten wir unser Gebot den Wohllebenden darin,
und sie frevelten.
So erfüllte sich das Wort an ihnen,
und wir zerstörten sie von Grund auf.«   Sure 17, 15f.

»Wir haben nie einen Gesandten gesandt,
außer in der Sprache seines Volkes,
damit er es ihnen verdeutliche.«   Sure 14, 4

»Wir haben vor dir keinen Gesandten gesandt,
dem wir nicht offenbarten:
Es gibt keinen Gott außer mir,
darum dienet mir.«   Sure 21, 25

Die Lehre von den Gesandten, die Mohammed insbesondere seit der zweiten mekkanischen Periode entwickelte, stellt eine bedeutsame Erweiterung seiner prophetischen Botschaft dar. Der eschatologischen Zuspitzung seiner Predigt vom nahen Weltgericht und gütigen Schöpfergott fehlte die Vorstellung einer Heilsgeschichte zwischen Schöpfung und Weltende, ja es mochte für sie unter der aktualen Erwartung des Gerichts zunächst kein Raum sein. Es mag ferner zutreffen, daß sich die ursprüngliche Kraft der Predigt vom Schöpfer und Richter abnutzte. Die Frage nach der Heilsgeschichte ergab sich nicht zuletzt aus der Notwendigkeit für den Propheten, seine Stellung in der Religionsgeschichte zu bestimmen und zu legitimieren.

Die Eintragung der Heilsgeschichte in die koranische Botschaft hängt zweifelsohne mit dem Durchbruch einer radikal-monotheistischen Einstellung zusammen, die die anfängliche Predigt Mohammeds verschärfte. In einem Bericht, den Urwa ibn az-Zubair an den Kalifen Abdalmalik (685–705) sandte, heißt es: »Als der Gesandte Gottes seine Volksgenossen zu der ihm geoffenbarten Rechtleitung und Erleuchtung aufrief, wozu Gott ihn (als Gesandten an sie) geschickt hatte, hielten sie sich anfänglich nicht von ihm fern und waren nahe daran, auf ihn zu hören. (Das ging so lange), bis er auf ihre Götzen zu sprechen kam« (zit. nach R. Paret, Mohammed und der Koran, S. 92). Die frühen Suren lassen nicht erkennen, daß Mohammed ausdrücklich gegen die Götzen predigte. Eher machen sie wahrscheinlich, daß er sich diese zunächst als untergeordnete Söhne und Töchter Gottes vorgestellt hat. So wird uns berichtet, daß Mohammed in Sure 53, 19f. den alten Ruf der Kuraischiten, den sie beim Umkreisen der Kaaba ausriefen, eingefügt habe:

»Was meint ihr denn von al-Lat und al-Uzza
und von Manat, der dritten dazu?
Das sind die allerhöchsten Schwäne,
und auf ihre Vermittlung darf man hoffen.«

Mohammed wollte also wohl die Anrufung der vornehmsten Göttinnen Mekkas als Gott untergeordneten Töchtern und 'Fürsprecherinnen bestehen lassen. Auf dieser Basis hätte er sich vermutlich mit den herrschenden Kuraischiten einigen können. Dann aber bricht Mohammed diese Kompromißlösung radikal ab. Die endgültige Fassung von Sure 53, 19–25 lautet nun:

»Was meint ihr denn von al-Lat und al-Uzza
und von Manat, der dritten dazu?
Sind euch die Söhne und ihm die Töchter?
Eine ungerechte Verteilung wäre das.
Siehe, bloße Namen sind es, die ihr ausgedacht,
ihr und eure Väter.
Gott sandte keine Vollmacht für sie herab.
Sie folgen nur ihrem Wahn
und ihrer Herzen Gelüst,

wo doch die Rechtleitung von ihrem Herrn
zu ihnen gekommen ist.
Oder soll der Mensch haben,
was er wünscht?
Gottes ist das Letzte und das Erste!«

Mohammed ist offensichtlich in dieser kritischen Phase deutlich geworden, daß mit dem Hervor- und Hinzutreten anderer Göttergestalten zum eigentlichen Gott ein Zurücktreten Gottes aus seiner Nähe, aus seiner für den Menschen und die Welt entscheidenden Wirksamkeit und Wirklichkeit verbunden ist. Die »Teilhaberschaft« (schirk) anderer Gottheiten am eigentlichen Gott – der koranische Ausdruck für Polytheismus – wird für Mohammed zur Sünde schlechthin.

»Siehe, Gott vergibt nicht,
daß man ihm beigesellt,
alles außer diesem verzeiht er,
wenn er will.«   Sure 4, 116

Mit den Gott beigesellten Göttern – das scheint nun Mohammeds Auffassung zu sein – tritt der Mensch aus dem Verhältnis des Dieners zu seinem Herrn, des Geschöpfs zum Schöpfer heraus; er umnebelt das religiöse Verhältnis zu Gott mit seinen Wünschen und Begierden, die er in Gestalt seiner Götter verehrt. Im Jüngsten Gericht werden sich die Götter, denen für diesen Augenblick Sprache verliehen wird, von ihren Anbetern abwenden und erklären, diese hätten sie überhaupt nicht verehrt (Sure 28, 63), sondern – das ist die Meinung – in ihnen nur ihre eigenen Wünsche – wir würden mit Feuerbach sagen, ihre eigenen Wunsch-Projektionen – angebetet. Der Gedanke bricht sich bei Mohammed mehr und mehr Bahn, daß die Menschen ursprünglich eine einzige Gemeinschaft (umma) waren (Sure 10, 19), Anhänger einer Urreligion, die nur den eigentlichen Gott verehrten, dann aber sich durch »Beigesellung« von anderen Göttern in Völker spalteten, die in diesen ihren Göttern ihre vitalen Partikularinteressen in den Himmel hoben. Es sind dies die »leichtlebenden Götter«, um es mit einem Ausdruck Homers zu bezeichnen, die an die Stelle der einen Urreligion getreten sind. In entscheidender, kritischer

Stunde aber schickt Gott jedem Volk einen Gesandten, der es wegen der »Teilhaberschaft« anklagt und verkündet, daß es nur den einen, den eigentlichen Gott gibt.

Man muß sich die Frage stellen, ob Mohammed die Vorstellung von den Gesandten nicht aus gnostischen Überlieferungen übernommen hat, die in Mekka bereits umliefen. Traditionen ähnlicher Struktur kennen wir aus der sethianischen Gnosis, wie sie in der »Apokalypse Adams« innerhalb der 1945/1946 aufgefundenen gnostischen Bibliothek von Nag Hammadi bekannt geworden ist. Die Gesandten sind Träger des wahren Wissens. Sie und ihre Anhänger werden aus der jeweiligen Katastrophe herausgerissen, eine Vorstellung, mit der sich der Erwählungsgedanke verbindet. Jeder Generation und jedem Volk werden Gesandte gesandt. Falls solche Vorstellungen bereits vor Mohammed in Mekka bekannt waren, dürften sie Licht auf eine Stelle werfen, die man sonst leicht für bloße Rhetorik halten könnte. In Sure 35, 42 heißt es, die Kuraischiten hätten bei Gott den heiligsten Eid geschworen, sich mehr als irgendein anderes Volk »rechtleiten« zu lassen, falls zu ihnen ein Warner käme. Man hätte also nach den genannten Traditionen mit dem Kommen eines arabischen Gesandten gerechnet oder ein solches Auftreten wenigstens für möglich gehalten. Der Koran ist zugleich der Meinung, daß vor Mohammed noch kein Warner zu den Arabern gekommen ist (Sure 32, 3). In Mohammed muß also die Überzeugung durchgebrochen sein, daß er zum arabischen Gesandten bestimmt ist und daß das »Wissen«, das alle Gesandten vor ihm in ihrer Generation ihren Gemeinschaften verkündigt hatten, einerseits in der Erkenntnis des einzigen Gottes ohne Teilhaberschaft besteht, andererseits in dem Wissen Gottes, dem sich der Mensch anvertraut, wenn er der geoffenbarten Rechtleitung folgt. »Das Wissen ist allein bei Gott; ich bin nur ein deutlicher Warner« (Sure 67, 25).

Die Straflegenden, auf die wir in einem früheren Kapitel bereits hingewiesen haben, finden ihren Rückhalt in dieser Tradition, wie auch die von R. Paret beobachtete Typisierung derselben. Wenn der Gesandte kommt, stößt er auf Unglauben, werden ihm Betrug, Zauberei, Anmaßung oder Lüge vorgeworfen. Die Herrschenden und Reichen stehen gegen ihn. Nur wenige, insbesondere Menschen der ärmeren Bevölkerung, bilden seine Anhänger. Die Katastrophe trifft ein. Nur der Gesandte und sein Anhang werden gerettet. R. Paret hat durchaus recht, wenn er findet, daß sich die geschichtlichen Strafgerichte, die mit der Tradition von den Gesandten zusammenhängen, nicht ohne weiteres mit der Verkündigung vom Endgericht in Einklang bringen lassen.» Wie können die Menschen am Jüngsten Tag in ihrer Gesamtheit zur Verantwortung gezogen werden, wenn einzelne Völker bereits im Zeitlichen das Gericht über sich haben ergehen lassen müssen?« (Mohammed und der Koran, S. 87). Mohammed hat, wie Paret deutlich macht, »zwei verschiedenartige Vorstellungskreise, die beide in sich geschlossen sind, mehr oder weniger gewaltsam übereinandergeschoben«, um »sie in Deckung zu bringen« (ebd., S. 89). Trotzdem tritt gegenüber den zeitlichen Strafgerichten »die Vorstellung von einem allgemeinen Gericht am Ende der Tage notwendigerweise in den Hintergrund« (ebd., S. 88f.). Offenbar rechnete Mohammed mit der Möglichkeit eines solchen Gerichtes auch über Mekka (Sure 41, 12), und das noch nach der Hidschra (Sure 47, 14). Fast möchte man einen dogmatischen Schematismus hinter der Vorstellung vermuten, wenn es in Sure 17, 58 heißt: »Es gibt keine Stadt, die wir nicht vor dem Tag der Auferstehung zerstören wollen.«

Die Straflegenden werden meist in einer Kette erzählt. Eine solche Kette setzt häufig mit der Geschichte Noahs und seiner Leute ein (Suren 54, 9–16; 37, 75–82; 71, 1–28; 26, 105–122; 23, 23–30; 21, 76f.; 25, 37; 11, 25–49; 29, 14f.; 10, 71–73; 7, 59–64); es folgen die Erzählungen von den Ad und ihrem Gesandten Hud, von den Thamud und ihrem Gesandten Salih, von Lot und den Städten Sodom und Gomorrha, von den Midianitern und ihrem Gesandten Schuaib, von Mose und den Israeliten in ihrer Auseinandersetzung mit Pharao und seinen Leuten, schließlich, wenn auch in nicht so fester Reihenfolge innerhalb der Kette, Abraham und seine götzendienerischen Landsleute.

Die Aditen, ein alter arabischer Stamm, der nördlich von Mekka ansässig war, werden im Koran als Nachfolger der Leute Noahs betrachtet und sollen der Sage nach 100 Ellen groß, also von riesenhaftem Wuchs gewesen sein. Sie gebärden sich hochmütig und sprechen: »Wer ist stärker als wir?« Sie folgen dem Befehl von gottlosen Gewaltmenschen. Sie errichten auf jeder Höhe imposante Bauwerke, um sich dadurch unsterblich zu machen. Ihr Gesandter Hud tadelt sie deshalb und fordert sie auf, Gott allein zu dienen. Aber weder folgen die Aditen seiner Botschaft, noch glauben sie an die von ihm angedrohte Strafe. Als diese dann in einem aufziehenden Gewölk auf sie zukommt, glauben sie, daß es ihnen Regen bringen wird. Statt dessen bietet Gott gegen sie einen widrigen Wind auf, der sieben Nächte und acht Tage ununterbrochen weht, bis sie allesamt tot in ihren Wohnungen liegen wie Stämme umgestürzter Palmen. Hud und seine Anhänger werden gerettet (Suren 89, 6–8; 69, 4–8; 51, 41f.; 54, 18–21; 26, 123–140; 23, 31–41; 41, 13–16; 11, 50–60; 7, 65–72; 46, 21–26).

Die Thamudäer, ebenfalls ein alter arabischer Stamm nördlich von Mekka, gelten als Nachfolger der Ad. Sie bauen in den Ebenen der Erde Schlösser und meißeln die Berge zu Wohnungen. Ihr Gesandter Salih fordert sie auf, Gott allein zu dienen, und weist als Wunderzeichen auf eine ihnen von Gott zugeschickte Kamelstute. Ihr soll man es gönnen, auf Gottes Erde frei zu weiden. Zu festen Zeiten soll ihr Trinkwasser gegeben werden. Statt dessen bringen sie die Kamelstute zu Fall und schneiden ihr die Sehnen durch. »Salih, bring uns her, was du versprichst!« verhöhnen sie die Strafandrohung des Gesandten. Eine Gruppe von neun Männern plant einen Anschlag auf Salih und seine Angehörigen. Diese aber werden gerettet, während über die Frevler der Schrei des Engels und das Beben kommt. Am Morgen liegen sie tot in ihrer Behausung (Suren 91, 11–15; 89, 9; 69, 4f.; 51, 43–45; 54, 23–31; 26, 141–159; 27, 45–53; 41, 13. 17f.; 17, 59; 11, 61–68; 7, 73–79; 15, 80–84). Die Vernichtung der beiden alten arabischen Stämme klingt wie eine Drohung zu den Mekkanern herüber, wenn der Prophet sagt: »Ich warne euch vor einem Donnerschlag, ähnlich dem Donnerschlag Ads und Thamuds!« (Sure 41, 12).

Anders als im biblischen Bericht tritt Lot als Mahner auf. Die Namen Sodom und Gomorrha selbst werden nie genannt. »Siehe, in mir habt ihr einen treuen Gesandten«, redet er sie an. »Geht ihr denn zu den Männern in aller Welt und laßt unbeachtet, was euch euer Herr in euren Frauen geschaffen hat?« (Sure 26, 160ff.) Auch wirft er ihnen vor, daß sie als Wegelagerer den Fremden auflauern und in ihren Versammlungen Abscheuliches treiben (Sure 29, 29). Sie aber drohen ihm und seiner Familie mit Ausweisung aus der Stadt. Als dann die Engel Gottes zu Lot kommen, verlangen die Sodomiter betrunken deren Auslieferung, um sich an ihnen zu vergehen. »Und da kam der Schrei über sie bei Sonnenaufgang. Und wir kehrten das Oberste zuunterst und ließen Steine aus Ton auf sie niederregnen« (Sure 15, 73f.). Lot und seine Familie werden gerettet, mit Ausnahme seiner Frau, über deren Schuld weiter nichts gesagt wird. Einer jüdischen haggadischen Legende zufolge soll sie Salz von ihren Nachbarinnen geborgt haben, um den Sodomiten die Anwesenheit der Gäste zu verraten. Für die koranische Fassung der Lotüberlieferung ist es bezeichnend, daß, im Unterschied zum biblischen Bericht, kein Schatten auf seinen Charakter fällt (1. Mose 13). Die Erzählung 1. Mose 19, 30–38, in der sich die kinderlosen Töchter Lots zum blutschänderischen Umgang mit ihrem betrunken gemachten Vater entschließen, um das Aussterben seiner Familie zu verhindern, wird von den Moslems als »teuflische Behauptung« und »Lügenbericht« angesehen, die durch den koranischen Bericht als Fälschung der Überlieferung erkannt werden kann (Sadr-ud-din, Der Koran, S. 269). Man weist auch wohl darauf hin, daß das Neue Testament von Lot nur im guten Sinne berichtet und 2. Petrus 2, 7f. für ihn Zeugnis ablegt (ebd.): »Gott rettete den gerechten Lot, der unter dem lasterhaften Wandel der Frevler zu leiden hatte. Denn mit dem Ansehen und Anhören ihrer gesetzlosen Werke peinigte der Gerechte, der unter ihnen lebte, von Tag zu Tag seine gerechte Seele.« In der Tat weist der 2. Petrusbrief in eine Richtung des Überliefernsund Deutens dieser biblischen Stoffe, die über Haggada und Kirchenväter im Koran zur Vollendung gelangt (Suren 51, 31–37; 54, 33–39; 37, 133–138; 26, 160–175; 15, 57–77; 21, 74f.; 25, 40; 27, 54–58; 11, 77–83; 29, 28–35; 7, 80–84).

Schuaib, der Gesandte der Midianiter, wird in der Bibel Jethro, auch Reguel genannt und als Priester vorgestellt (2. Mose 2, 15–3, 1). Er ist der Schwiegervater des Mose. Nach der jüdischen Haggada soll er aber vom Götzendienst abgekommen sein und seinen Landsleuten die Kultgeräte des Götzendienstes zurückgegeben haben. Daraufhin hätten sie ihn in den Bann getan, so daß keiner für ihn eine Arbeit tun oder seine Schafe weiden durfte. Daher mußten seine Töchter das Vieh hüten. An einem Brunnen traf Mose die Töchter Jethros und half ihnen beim Tränken der Schafe. Vielleicht hängt der Name Schuaib damit zusammen, daß Mohammed den Brunnen in Midian mit dem Wohnsitz Abrahams, Beerscheba, gleichsetzte und das Wort als »Brunnen Schuaibs« verstand (s. H. Speyer, Die biblischen Erzählungen im Qoran, S. 253). Auch die haggadische Überlieferung könnte im Hintergrund des koranischen Berichts stehen; denn die Midianiter fordern Schuaib auf, zu ihrem Glauben zurückzukehren: »Da sprachen die Häupter, die hochmütig waren, aus seinem Volk: ›Schuaib, wir werden dich und die Gläubigen mit dir aus unserer Stadt vertreiben oder ihr kehrt wieder zu unserer Religion zurück!‹ Er aber sagte: ›Auch wenn es uns zuwider sein sollte? Wir würden ja gegen Gott eine Lüge ersinnen, wenn wir zu eurer Religion zurückkehrten, nachdem uns Gott von ihr errettet hat‹« (Sure 7, 88f.). Schuaib wirft seinem Volk vor, daß sie falsches Maß und Gewicht geben und die Gläubigen bedrängen. Die Midianiter hingegen verspotten ihn, daß er, der der Milde und Gerechte genannt wird, von ihnen verlange, daß sie von der väterlichen Religion abfallen und nicht nach Belieben mit ihrem Besitz schalten. Nur um seiner Sippe willen verschonten sie ihn. Sonst hätten sie ihn gesteinigt. Dann aber traf die Entscheidung Gottes ein: Die Ungerechten erfaßte der Schrei, tot lagen sie in ihren Wohnungen auf der Brust da (Sure 11, 87. 91. 94). Ein Erdbeben hatte die Stadt vernichtet (Sure 7, 91). In frühen Suren werden die Midianiter auch »Leute des Dickichts« genannt, zum Beispiel in Sure 50, 14. Das könnte mit der Tamariske Abrahams in Beerscheba zusammenhängen oder auch mit dem Hain Mamre, in dem Abraham wohnte (s. H. Speyer, ebd., S. 253), (Suren 26, 176–191; 15, 78f.; 11, 84–95; 29, 36f.; 7, 85–93).

An die genannten Straflegenden mochte Mohammed denken, wenn er die Mekkaner auffordert: »Wandert durch das Land und schaut, wie das Ende der Sünder war!« (Sure 27, 69). Oder wenn es in Sure 32, 26 heißt: »Ist ihnen denn nicht bekannt, wie viele Geschlechter wir vor ihnen haben zugrunde gehen lassen, an deren Wohnungen sie vorbeikommen?« Ähnlich die Suren 40, 21 und 47, 10. Überhaupt aber gilt: »Sooft ein Gesandter zu seinem Volke kam, ziehen sie ihn der Lüge. Und wir ließen Volk auf Volk folgen und machten sie zur Erzählung« (Sure, 23, 44).

Die Moseüberlieferung im Koran soll wegen ihrer Länge hier nicht in allen Einzelheiten nacherzählt werden. Sie stimmt in ihren wesentlichen Umrissen mit der biblischen überein. Es gibt aber Eigentümlichkeiten und Akzente, die es verdienen, herausgehoben zu werden. So glauben zum Beispiel die Ägypter, daß ihnen nach Josephs Tod kein Gesandter mehr geschickt werde. In der Kindheitsgeschichte ist es die Frau Pharaos, die das ausgesetzte Kind zu sich nimmt. Ausdrücklich betont der Koran, daß damit der Feind Pharaos in dessen Haus kam und dort, mit Weisheit und Wissen begabt, aufwuchs. In Sure 20, 37 ff. erzählt Gott selbst Mose von dessen Errettung: »Und wir waren gnädig gegen dich schon ein andermal, als wir deiner Mutter durch Offenbarung eingaben: ›Wirf ihn in den Kasten und wirf ihn dann ins Meer! Und das Meer wird ihn an die Küste werfen, und nehmen wird ihn einer, der mir und ihm feind ist. Und ich habe meine Liebe auf dich geworfen, daß du unter meinen Augen aufgezogen würdest.‹« Wegen des ermordeten Ägypters empfindet Mose Reue, und Gott verzeiht ihm. Ein anderer Ägypter macht ihm den Vorwurf, er wolle nur Gewaltmensch und kein Friedensstifter sein. Nach der Dienstzeit von acht bis zehn Jahren bei Schuaib in Midian reist Mose mit seiner Familie nach Ägypten zurück und bemerkt dabei ein Feuer beim Berge Sinai. Gott offenbart sich ihm von der rechten Seite des Tales her aus dem Baume: »O Mose, siehe, ich bin dein Herr! Ziehe deine Schuhe aus! Siehe, du bist im heiligen Tal Tuwa... Siehe, ich bin Gott. Es gibt keinen Gott außer mir... Siehe, die Stunde wird kommen – ich halte sie verborgen, daß einem jeden vergolten wird, was er erstrebt hat« (Sure 20, 11–15). »Führe dein Volk aus der Finsternis ins Licht und erinnere sie an die Tage Gottes!« (Sure 14, 5).

Aaron wird Mose als Beistand gegeben. Mit ihm tritt er vor Pharao, der ein Tyrann ist und einem frevelhaften Volk vorsteht. Nur Pharaos Frau glaubt an Gott. Die Ratsherren, mit denen Pharao sich berät, halten Mose für einen kenntnisreichen Zauberer, den man mit allen gelehrten Zauberern Ägyptens konfrontieren solle. Doch der zur Schlange gewordene Stab des Mose verschlingt die laufenden Stricke und Stäbe der ägyptischen Zauberer, die sich daraufhin zu Gott bekennen und sich davon durch die Drohungen Pharaos – »Glaubt ihr an Gott, bevor ich es euch erlaube?« (Sure, 20, 71) – nicht abbringen lassen. Pharao hält erneut Rat mit seinen Ratsherren, da bekennt sich ein Mann aus seiner Familie ausdrücklich zu Gott.

Der Gläubige spricht: »O mein Volk, ich fürchte, euch trifft etwas Ähnliches wie der Tag der Heidenvölker, ähnlich den Leuten des Noah, der Ad, der Thamud und denen, die nach ihnen lebten!« (Sure 40, 30f.). Pharao aber erklärt sich selbst für Gott und fordert seinen Minister Haman auf, Ton zu brennen und daraus einen Turm zu bauen: »Vielleicht steige ich dann zum Gott des Mose empor; denn ich meine, daß er ein Lügner ist« (Sure 28, 38). Es wirkt wie eine großartige surrealistische Montage, wenn hier die Turmbaugeschichte von 1. Mose 11 und der Judenhasser Haman aus dem Estherbuch mit der Pharaogestalt als Ausdruck der Hybris zusammengebracht werden. Pharao wird auch »der Mann der Pfähle« (Sure 38, 12 und 89, 10) genannt, was vermutlich mit seiner Bautätigkeit (Pyramiden?) zusammenhängt. Dem Volk wird von Gott befohlen, in den Häusern eine Gebetsnische einzurichten (Sure 10, 87), während er sich durch die neun Zeichen als Herr über die Ägypter erweist. Das zehnte Zeichen, die Tötung der Erstgeburt, von der die Bibel berichtet, hat Mohammed vermutlich als Gottes nicht würdig weggelassen. Pharao und seine Truppen werden unter den Augen des Mose und seines Volkes im Meer ertränkt. Im Ertrinken bekennt sich Pharao als Moslem. Er wird als einziger errettet, um den kommenden Geschlechtern ein Zeichen zu sein (Sure 10, 90–92). Doch er wird nur mit seinem Leibe gerettet, im Jenseits wartet auf ihn die Höllenstrafe. Vielleicht will der Koran auch sagen, daß die Leiche mumifiziert wurde und so als Zeichen überlebte. Jedenfalls werden die Leute Pharaos als Führer zum Höllenfeuer gerufen werden (Sure 28, 41).

Mit dem Untergang Pharaos und der Rettung der Israeliten wäre das Schema der Straflegenden ausgefüllt. Die koranische Überlieferung schließt damit nicht ab. Sie zeigt ein lebhaftes Interesse an den weiteren Schicksalen der Israeliten als Hintergrund und Abhebung des eigenen Offenbarungserlebens. Dabei fließt manche haggadische Erzählung in den Koran ein.

Auf der Wanderung durch die Wüste schlägt Mose mit seinem Stab an einen Felsen. Diesem entspringen zwölf Quellen, für jeden Stamm eine. Eine Wolke überschattet das Volk. Gott spendet ihnen Manna und Wachteln als Speise. Nachdem Gott Mose die Schrift gegeben hat, hält er drohend den Berg über die Kinder Israel. Das Volk aber weigert sich, die Schrift anzunehmen. Da schüttelt Gott den Berg, so daß die Israeliten glauben, er werde auf sie fallen. Als Mose ihnen die Schrift verkündigt, verlangen sie, Gott deutlich zu sehen. Da offenbart sich Gott ihnen in einem Blitzstrahl und vernichtet sie. Dann aber erweckt er sie wieder zum Leben. Als Mose vierzig Tage auf dem Sinai verweilt, offenbart sich Gott ihm von der westlichen Seite des Berges her und gibt ihm die Tafeln mit dem Dekalog. Inzwischen verfertigen die Israeliten ein leibhaftiges Kalb, das blökt. Verführt hat sie dazu Samiri, der Samaritaner, der eine Handvoll Staub von der Fußspur des Gesandten (des Mose? des Engels?) als Zaubermittel zu den gespendeten Kostbarkeiten ins Feuer wirft, aus denen das Kalb entsteht. Mose aber stößt Samiri aus dem Volk aus und eröffnet ihm seine Bestimmung, ein Unreiner zu sein. Als Mose Gott bittet, daß er ihn schauen möge, wird ihm die Antwort: »Niemals kannst du mich schauen; aber sieh zu dem Berg, wenn er an seinem Ort bleiben wird, wirst du mich sehen« (Sure 7, 143). Als sich Gott nun dem Berg enthüllt, zerfällt dieser in Staub. Nach dem Koran hat Mose übrigens nicht die von Gott geschriebenen Gesetzestafeln zertrümmert. Es wäre nach islamischer Auffassung auch zuviel gefordert, wenn Gottes Tafeln so wenig geachtet worden wären und von Gott zum zweiten Mal hätten beschrieben werden müssen. Mose nimmt vielmehr die Tafeln wieder auf und wählt siebzig Männer aus dem Volke aus, wohl zu dem Zweck, daß sie eine von Gott bestimmte Zeitlang mit ihm auf den Berg gehen. Als das Erdbeben sie vertilgt hat, bittet Mose Gott, dem Volk zu vergeben. Gott antwortet ihm, daß er mit seiner Strafe zwar treffe, wen er will, doch kenne seine Barmherzigkeit keine Grenzen. Dabei verheißt Gott dem Volk den ungebildeten Propheten (das Wort kann auch übersetzt werden: den heidnischen Propheten) – gemeint ist Mohammed –, der sie von drückenden Gesetzeslasten befreien wird (Sure 7, 154–157). Als die Israeliten den Befehl erhalten, das heilige Land zu betreten, finden ihre Kundschafter darin ein Volk von Helden. Da weigern sie sich, den Gottesbefehl auszuführen (Sure 5, 22–24). Beim Betreten einer Stadt sollen sie das Wort Hittatun (Vergebung) aussprechen, doch statt dessen vertauschen sie in frevelhafter Weise das Wort (Sure 7, 161f.). Als die Bewohner der Stadt, zu denen am Sabbat immer Fische herankommen, den Sabbat brechen, bleiben die Fische aus. Die sündhaften Bewohner aber werden in Affen verwandelt (Sure 7, 163–166).

Als die Juden zu einem Volk kommen, das Götzendienst treibt, fordern sie Mose auf, ihnen auch einen Gott wie diese Götter zu machen. Mose hingegen mahnt sie, doch daran zu denken, daß Gott sie vor aller Welt bevorzugt hat (Sure 7, 138–140).

Eine weniger mit der Bibel, doch mit der jüdischen Haggada übereinstimmende Rolle spielt Korah, der Widersacher des Mose, im Koran. Er ist der hochmütige Reiche, den die Legende vielleicht auch mit dem reichen Krösus vermengt. Die Schlüssel zu seinen Schätzen habe selbst eine Schar starker Menschen nicht tragen können. Er rühmt sich, Gott habe ihm dies alles nur um seines Wissens willen gegeben, und zeigt sich in seinem Schmuck dem Volk. Da beneiden ihn die irdisch Gesinnten. Doch Gott spaltet die Erde unter Korah und seinem Haus. Die rote Kuh, von der die Bibel berichtet (4. Mose 19), wird im Koran zur gelben Kuh, die von den Israeliten geopfert werden soll, wenn ein Totschlag entdeckt worden ist. Ein Stück von ihr wird die Toten lebendig machen und so herausbringen, wer der verheimlichte Mörder ist (Sure 2, 67–73). Gott schließt mit den Israeliten den Bund und erweckt ihnen zwölf Führer, worunter die Stammesfürsten Israels, vielleicht aber auch die zwölf Richter zu verstehen sind. Israel habe den Bund gebrochen, die Worte der Thora verfälscht und einen Teil derselben vergessen (Sure 5, 12f.), (Suren 79, 15–26; 51, 38–40; 44, 17–33; 20, 9–98; 26, 10–68; 43, 46–56; 23, 45–49; 27, 7–14; 17, 101–104; 11, 96–99; 40, 23–46; 28, 3–48. 76–84; 10, 75–93; 7, 103–171; 14, 5–8; 2, 40–74).

Wir haben im Kapitel »Vor dem Koran« bereits einige Aussagen des Korans über Abraham wiedergegeben. Abraham erkennt an Auf- und Untergang der Sterne, des Mondes und der Sonne Gott als den einzigen Herrn, wird darüber um Hanifen und zerschlägt die Götzenbilder seines Vaters Azar. Ergänzen können wir nun: Abraham gelingt es nicht, seinen Vater vom Monotheismus zu überzeugen. Dieser droht ihm vielmehr die Steinigung an, falls er seine Götter endgültig verwerfe. Abraham bittet, wenn auch vergeblich, Gott um Verzeihung für seinen Vater. Auch mit seinen Landsleuten streitet er wegen der Götter. Um nicht am Götzendienst teilnehmen zu müssen, gibt er vor, aus den Sternen zu lesen, er sei krank, worauf sich die Leute zurückziehen, um nicht angesteckt zu werden. Auch mit dem König – nach der jüdischen Haggada ist es Nimrod – disputiert er über die Götzen. Auf Abrahams Aussage, nur Gott könne Leben geben und töten, entgegnet der König: »Ich bin es, der tötet und belebt.« Dann solle er doch, erwidert Abraham, die Sonne einmal von Westen her aufgehen lassen im Unterschied zu Gott, der ihren Aufgang im Osten bewirke. Schließlich wirft ihn das Volk auf den Scheiterhaufen. Doch Gott spricht nur: »Feuer, werde kalt!«, rettet so Abraham vor dem Tode und versetzt ihn, zusammen mit Lot, in das heilige Land. Dort kommen die Engel zu ihm und versprechen ihm einen Sohn. Er bittet für das sündige Volk Lots, doch umsonst, da Gottes Entscheidung bereits getroffen ist.

Mit seinem Sohn Ismael – wir wiesen ebenfalls schon darauf hin – richtet Abraham die Kaaba auf. Im Unterschied zur Bibel ist es nicht Isaak, sondern Ismael, den Abraham opfern soll. Als Abraham seinem Sohn mitteilt, er habe geträumt, Gott wolle, daß er ihn opfere, fordert dieser seinen Vater auf, den Willen Gottes zu erfüllen. Darauf löst Gott den Sohn durch ein Opfer aus. Als Abraham Gott bittet, ihm zu zeigen, wie er die Toten belebt, erhält er die Anweisung, vier Vögel zu zerschneiden und auf jeden Berg ein Stück von ihnen zu legen. Dann soll er sie rufen. Als dies geschieht, kommen sie eilends herbei. Manchen Prüfungen wird Abraham noch unterworfen und zum Imam (Vorbild) für die Menschen erklärt (Suren 87, 19; 19, 41–50; 26, 69–89; 37, 83–113; 21, 51–73; 29, 16–27. 3f.; 43, 26–28; 6, 74–84. 161; 60, 4–6; 11, 69–76; 51, 24–37; 15, 51–60; 22, 26–29. 78; 3, 65–68. 95–97; 16, 120–123; 4, 125; 14, 35–41; 9, 114; 2, 124–141. 258. 260; 3, 33).

Von manchen Forschern wird das im Koran dargestellte Verhältnis Abrahams zur Kaaba und der Ausbau der Ismaellegende als Konstruktion Mohammeds, wenn nicht gar als bewußte Fälschung angesehen. Es gibt im Koran nicht die leiseste Spur einer Polemik gegen die Kaaba. Mohammed hat also wohl niemals das arabische Zentralheiligtum mit dem dort geübten Götzendienst in eins geworfen. Gott, nicht irgendein Lokalgott, ist der »Herr des Hauses« (früheste Stelle Sure 106, 3). Und in Sure 27, 91 kann Mohammed geradezu sagen: »Mir wurde nur befohlen, dem Herrn dieser geheiligten Ortschaft zu dienen, dem alles gehört.« Sure 106 fällt in den Anfang der ersten mekkanischen Periode, Sure 27 in die zweite. In Sure 52, 4 (erste mekkanische Periode) schwört Mohammed »bei dem besuchten Haus«, worunter die Kaaba zu verstehen ist. In Sure 11, 73 (dritte mekkanische Periode) reden die Engel die Sippe Abrahams mit »ihr Leute des Hauses« an. Mohammed lehnt also von Anfang an weder das Heiligtum noch die Wallfahrt, vermutlich auch nicht die Riten in ihren Grundformen oder das Asylrecht ab, sondern nur die hinzugekommenen Züge der »Teilhaberschaft« oder »Beigesellung«, also des Polytheismus. Man wird ferner annehmen dürfen, daß die arabischen Monotheisten, die Hanifen, entsprechend dachten. Für diese wird Abraham bereits der Ur-Hanif gewesen sein. Sie hätten damit einen wichtigen Gedanken Mohammeds, den der Judentum und Christentum voraufgegangenen millat Ibrahim, der Religion Abrahams, vorweggenommen. Im übrigen waren urmonotheistische Grundvorstellungen mit dem Heiligtum verbunden. So wäre die Vermutung W. Rudolphs nicht ausgeschlossen, daß bereits arabische Christen die Kaaba mit Abraham in Verbindung brachten (s. Speyer, Die biblischen Erzählungen im Qoran, S. 162). Die im ersten Mosebuch vertretene Vorstellung, daß Abraham überall auf seinen Wanderungen Altäre aufrichtete, konnte zu dieser Mutmaßung beitragen. Auch berichtet die jüdische Haggada davon, daß Abraham seinen Sohn Ismael in der Wüste besucht habe. Gegen Ismael würde, wie gegen Israel, niemand bestehen können, da beide Völker als einzige die Gottesbezeichnung El im Namen trügen (s. M. J. Bin Gorion, Die Sagen der Juden, S. 264 ff. 291). So gab es vom Judentum her auch eine Verheißung für Ismael. Derartige Vorstellungen werden, da sie die Araber betrafen – Ismael gilt als Stammvater der Araber –, sicher schon vor Mohammed im Umlauf gewesen sein. Wenn die Abrahamsgestalt und ihre Beziehung zur Kaaba und zu Ismael sich erst in der Spätphase der Koranoffenbarung in scharfen Umrissen heraushebt, dann hängt das nicht zuletzt damit zusammen, daß Mohammed anfangs sehr stark auf das Judentum und die 5. Mose 18, 15 gegebene Verheißung vom künftigen Propheten aus Israels Brüdern als zweitem Mose fixiert war. Daher wohl auch die ursprüngliche Gebetsrichtung nach Jerusalem. Erst die Absetzung vom Judentum führte zur Betonung der »Religion Abrahams«, der weder Jude noch Christ war, sondern ein Moslem, ein Hanif, ein Imam und kein Polytheist (Sure 16, 120–123; 3, 65–68; 2, 124). Offenbar ist Mohammed die Stellung Ismaels zu den Erzvätern nicht von Anfang an klar gewesen. In der mekkanischen Zeit wird Ismael noch mit anderen Gottesmännern zusammen genannt. In der medinischen Zeit rückt er dann – vor Isaak – mit den Erzvätern zusammen. Das könnte darin seinen Grund haben, daß Mohammeds älteste Vorstellung die von Abraham, dem Hanifen, war, den er, entsprechend hanifischer Tradition, mit dem Heiligtum in Verbindung brachte. Diese Vorstellung setzte keine Kombination mit der Gestalt Ismaels voraus. Manches spricht auch dafür, daß Mohammed erst allmählich zu der Überzeugung gelangte, daß Ismael der von Abraham geopferte Sohn gewesen sein müsse. In Sure 37, 99–111 fehlt der Name. Die nachgestellten Verse 112f., die Abraham die Geburt Isaaks verkünden, könnten später hinzugekommen sein.

Mohammed hat die Berichte von der Sendung und den Schicksalen der Gesandten typisiert (Paret) oder, wie ich lieber sagen würde, archetypisiert. Der Gesandte ist eine Wiederkehr des Selben, nicht des Gleichen, um an einen Ausdruck von Heidegger anzuknüpfen. So gesehen spiegelt sich in Mohammeds Sendung die Sendung der Gesandten seit alters her und umgekehrt. Trotzdem erscheint mir das Urteil Parets ungerecht, wenn er meint, »eine derartige Rückschau auf die frühere Heilsgeschichte« habe »eine armselige Nivellierung zur Folge« gehabt. »Anstatt die Vergangenheit in der Vielfalt ihrer Erscheinungsformen zur Kenntnis zu nehmen und gelten zu lassen, hat Mohammed immer nur sich selber und seine eigenen Zeitumstände darin gesucht und wiedergefunden. Die handelnden Personen verblaßten zu bloßen Schemen« (Mohammed und der Koran, S. 90f.). Denn es ist ja das Neue an Mohammeds Verkündigung, daß er in der Fülle und Divergenz religiöser Gottesoffenbarung den Blick auf das Selbige gerichtet hat, das in archetypischer Färbung und keineswegs blaß, schemenhaft, auftritt. Es ist die Uroffenbarung, die allen Offenbarungen zugrunde liegt und die alle Gesandten verkündet haben, indem sie sie reaktualisierten.

Damit ist zugleich der Zusammenhang angesprochen, der die Gesandten in Verbindung mit einer Botschaft oder einer heiligen Schrift bringt, die letztlich auf eine Urschrift, ein Urbuch bei Gott, zurückgeht. Dieses Urbuch, im Koran »Mutter des Buches« (umm al-kitab) genannt (Suren 3, 7; 13, 39; 43, 4), bildet ein Pleroma aller zur Offenbarung bestimmten Gedanken, Gestalten und Ereignisse in archetypischer Form, das in Gott ist, ähnlich dem ewigen Logos des Johannesevangeliums (1, 1), für den das Urbuch vielleicht nur eine andere Bezeichnung ist. »Die heiligen Bücher der einzelnen Völker oder Religionsgemeinschaften (umma)«, so hat es E. Kellerhals ausgedrückt, »sind sozusagen nur nationale Sonderausgaben der einen himmlischen Uroffenbarung« (Der Islam, S. 79). Das ist ebenso richtig wie schief ausgedrückt; denn das Archetypische kann sich irdisch gar nicht anders als in ständig neuen Aktualisierungen identisch bleiben: Wiederkehr des Selben, nicht des Gleichen.

Jesus

Von christlicher Seite wird häufig der Einwand gemacht, Christus werde im Islam *nur* als Prophet angesehen. Da man einen solchen Einwand nicht nur aus dem Munde von Christen hört, für die Christus Gottes Sohn, ja selbst Gott ist im Sinne einer metaphysischen Wesensaussage – Christus ist Gott von Art –, muß dieser stereotype Einwand zu denken geben. Offenbar ist man der Meinung, daß mit der Aussage: Christus ist *nur* ein Prophet, etwas Entscheidendes an der Gottesoffenbarung durch und in Christus nicht zum Ausdruck komme, daß also die koranische Offenbarung hinter dem zurückbleibe, was man in der Begegnung mit Christus erfährt.

Der Einwand könnte allerdings auch eine Schutzbehauptung sein, um sich, wie gewohnt, nicht mit dem Koran beschäftigen zu müssen und sich seinem religiösen Anspruch nicht auszusetzen: Ein Buch, das Christus *nur* für einen Propheten hält, ist von vornherein indiskutabel.

Nun heißt es in der Tat im Koran, Jesus sei *nur* ein Gesandter, zum Beispiel in Sure 5, 75. Dabei wird ausdrücklich betont, daß es schon vor ihm andere Gesandte gegeben hat. »Ungläubige« werden im voraufgehenden Vers 72 diejenigen genannt, die sagen: »Gott ist Christus« oder – in V. 73 –: »Gott ist einer von dreien.« In Sure 4, 171 wird ebenfalls gesagt, daß Jesus *nur* ein Gesandter ist, doch wird sofort hinzugefügt, daß er Gottes Wort ist, das Gott der Maria eingegeben hat, und Gottes Geist. Diese Hinzufügung könnte schon geeignet sein, uns aufhorchen zu lassen, ganz abgesehen davon, daß »nur ein Gesandter« im Islam etwas Gewaltiges bedeutet. Durch den Gesandten »ereignet« sich Gott einem Volk im eschatologischen Sinne, der Gesandte »ereignet« – um einen Ausdruck C. H. Ratschows zu gebrauchen – Gott.

Es lohnt sich für den christlich-islamischen Dialog, den Stellen nachzugehen, die im Koran von Jesus handeln (Suren 19, 2–40; 43, 57–65; 23, 50; 21, 89–94; 42, 13; 6, 85; 2, 87. 136. 253; 3, 33–57. 59. 84; 61, 6. 14; 57, 27; 4, 156–159. 163. 171f.; 33, 7f.; 9, 30–33; 5, 17f. 46f. 72–77. 78. 110–120). Wir greifen die wichtigsten Aussagen heraus:

Von der Sure 19 heißt es in der »Geschichte des Qorans«

von Nöldecke/Schwally (I, S. 130): »Die Sure ist die älteste, in der neutestamentliche heilige Personen wie Maria, Zacharias, Johannes und Jesus erwähnt werden, oder wenigstens eine der ältesten.« Sie gehört in die zweite mekkanische Periode. Diese reizende Sure, die als einzige übrigens nach einer Frau – Maryam (Maria) – benannt worden ist, stellt wie das Lukasevangelium eine Kindheitsgeschichte Johannes des Täufers mit der Kindheitsgeschichte Jesu zusammen, geht aber dabei, trotz mancher Übereinstimmung mit Lukas, eigene Wege. Da bittet Zacharias Gott: »Mein Gebein ist schwach und mein Kopf vor Alter grau. Ich fürchte, (frei übersetzt) die Erbberechtigten zweiten Grades werden mich beerben. Meine Frau ist ja unfruchtbar. Schenke mir einen Nächstverwandten (einen Sohn)!« Zacharias fügt seiner Bitte noch hinzu, daß dieser Nachkomme auch etwas von der Sippe Jakobs erben möge, gemeint sind insbesondere geistige Güter. Darauf wird ihm von Gott ein Junge mit Namen Johannes verkündet, »dem wir«, heißt es ausdrücklich, »bisher keinen gleichnamig gemacht haben«. Diese koranische Bemerkung stößt zwar auf die Kritik, daß den Namen Johannes auch schon andere geführt hätten. Doch dürfte hier Lukas 1, 61 nachklingen, wo man der Mutter vorhält, daß niemand in ihrer Verwandtschaft nach diesem Namen genannt werde. Auf die Frage des Zacharias, wie er, der doch steinalt ist, und seine unfruchtbare Frau denn noch einen Jungen bekommen könnten, antwortet Gott mit Hinweis auf seine absolute Schöpfermacht: »Es ist mir ein leichtes; und auch dich erschuf ich zuvor, während du nichts warst.« Als Zeichen wird dem Zacharias gegeben, daß er drei Tage lang nicht mit den Leuten rede. Beim Verlassen der Gebetsnische und des Tempels gibt er dem Volk nur durch Zeichen zu verstehen, daß sie Gott morgens und abends preisen sollen. Dem Jungen ruft Gott zu: »Nimm hin die Schrift in Kraft!« Damit soll auf die radikale Thoratreue des Johannes hingewiesen sein. Dem Knaben schreibt der Koran bereits Weisheit, Erbarmen und Reinheit zu. Er war, heißt es, gottesfürchtig, liebevoll gegen seine Eltern, nicht gewalttätig oder trotzig. Heil wird wie auf dem Tag seiner Geburt und seines Todes auf dem Tage seiner Erweckung sein.

Von Maria erzählt nun die Sure, daß sie sich eines Tages von ihren Angehörigen an einen Ort im Osten zurückzog. Dort habe sie einen Vorhang oder eine Scheidewand genommen, um sich vor ihnen zu verbergen. Aller Wahrscheinlichkeit nach handelt es sich um ein östliches Gemach im Tempel, in das sich Maria zurückzog, um zu beten, oder, wenn wir Zamachschari, einem islamischen Exegeten, folgen wollen, um einen einsamen Platz auf dem Zionsberg, wo sie sich als reinliches und keusches Mädchen ungesehen die Haare entlausen wollte (s. H. Gätje, Koran und Koranexegese, S. 165). Das äußere Tor des Heiligtums gegen Osten galt nach Ezechiel 44, 1f. als die Stätte, durch die nur Gott in das Heiligtum eingetreten sei. Diese Aussage wurde von der alten Kirche auf Maria bezogen, in die das Wort Gottes einging, um Mensch zu werden. Diese Vorstellung kann durchaus bei der koranischen Lokalisation der Verkündigungsgeschichte an einen Ort im Osten (des Tempels) eingewirkt haben.

»Da sandten wir unseren Geist zu ihr.
Der erschien ihr als ein ebenmäßiger Mann.
Sie sprach:
›Siehe, ich nehme beim Erbarmer
meine Zuflucht vor dir.
Wenn auch du ihn fürchtest!‹
Er sprach:
›Ich bin doch der Gesandte von deinem Herrn,
um dir einen reinen Knaben zu schenken!‹
Sie sprach:
›Wie sollte ich einen Knaben bekommen,
da mich kein Mann berührt hat
und ich keine Hure bin?‹
Er sprach: ›So!
Dein Herr hat gesagt:
Es ist mir ein leichtes!
Damit wir ihn zu einem Zeichen
für die Menschen machen
und aus Barmherzigkeit von uns.
Und es ist eine beschlossene Sache.‹
Und sie empfing ihn
und zog sich mit ihm zurück
an einen entfernten Ort.«   V. 17b–22

Nach islamischer Exegese (Zamachschari) soll der Geist, der Maria erschienen ist, der Engel Gabriel gewesen sein, der in der makellosen Gestalt eines jungen, bartlosen Mannes mit reinem Antlitz, Lockenhaar und gleichmäßigem Körperbau zu ihr kam. Auch sagt man, daß der Engel in der Erscheinung Josephs vor Maria trat. Als Überbringer des Geistes veranlaßte er durch einen Hauch, daß Maria mit einem Jungen schwanger ward. Jesus ist also nach dem Koran nicht nur Träger des Geistes Gottes, sondern aus dem Geist gezeugt, das heißt seinem Wesen nach von Anbeginn der Geistesmensch Gottes. Gerade in diesem Sinne ist er ein Zeichen für die Menschen und ein Ausdruck der göttlichen Barmherzigkeit.

>»Und die Wehen zwangen sie
zum Stamm der Palme.
Sie sprach:
›O wäre ich doch zuvor gestorben
und ganz vergessen!‹
Da rief er unter ihr:
›Sei nicht traurig!
Dein Herr hat unter dir
ein Rinnsal gemacht.
Und schüttle den Stamm
der Palme zu dir,
sie läßt frische, reife Datteln
auf dich fallen!
Und iß und trink
und sei kühlen Auges!
Und wenn du jemand
von den Menschen siehst,
dann sprich:
Siehe, ich habe dem Erbarmer
ein Fasten gelobt.
Deshalb spreche ich heute
mit niemandem.‹«   V. 23–26

Elsa Sophia von Kamphoevener sieht, worauf wir in einem früheren Kapitel bereits hinweisen, in der Kindgeburt in der Wüste unter einem Baum ein archetypisches Schema, das die Geburt Jesu mit der Buddhas und Mohammeds verbindet. Die koranische Geburtslegende hat neben denen des Matthäus- und Lukasevangeliums ihr eigenes Recht. Sie wird in ihrer Bedeutung nicht dadurch geschmälert, daß sie zweifelsohne durch eine Tradition vermittelt worden ist, wie wir sie im 20. Kapitel des apokryphen Pseudo-Matthäus finden. Dort wird von einer Szene berichtet, die sich auf der Flucht nach Ägypten zugetragen haben soll. Maria war von der großen Sonnenhitze in der Wüste ermüdet und wünschte, unter dem Schatten eines großen Palmbaumes auszuruhen. Als sie sich darunter niedergelassen hatte, sah sie, daß die Palmkrone voller Früchte hing, die aber viel zu hoch hingen, als daß Joseph sie hätte herunterholen können. Joseph seinerseits beklagte den Mangel an Wasser für seine Familie und die Lasttiere. »Da sprach das Jesuskind, das mit fröhlicher Miene in seiner Mutter Schoß saß, zur Palme: ›Neige, Baum, deine Äste, und mit deiner Frucht erfrische meine Mutter.‹ Und alsbald senkte die Palme auf diesen Anruf hin ihre Spitze bis zu den Füßen der seligen Maria, und sie sammelten von ihr Früchte, an denen sie sich alle labten. Nachdem sie alle ihre Früchte gesammelt hatten, verblieb sie aber in gesenkter Stellung und wartete darauf, sich auf den Befehl dessen wieder aufzurichten, auf dessen Befehl sie sich gesenkt hatte. Da sprach Jesus zu ihr: ›Richte dich auf, Palme, werde stark und geselle dich zu meinen Bäumen, die im Paradies meines Vaters sind. Und erschließe unter deinen Wurzeln eine Wasserader, die in der Erde verborgen ist, und die Wasser mögen fließen, damit wir aus ihr unseren Durst stillen.‹ Da richtete sie sich sofort auf, und eine ganz klare, frische und völlig helle Wasserquelle begann an ihrer Wurzel zu sprudeln. Als sie aber die Wasserquelle sahen, freuten sie sich gewaltig, und sie löschten ihren Durst, sie selber, alle Lasttiere und alles Vieh. Dafür dankten sie Gott« (V. 2, s. Hennecke-Schneemelcher, Neutestamentliche Apokryphen, I, S. 307f.).

Die koranische Legende ist im archetypischen Sinne urtümlicher als die apokryphe christliche Kindheitsgeschichte, die das Erzählmaterial geliefert hat. Mohammed war durch die ihm unbekannten Geburtsgeschichten bei Matthäus und Lukas nicht behindert, aus der im Pseudo-Matthäus aufbewahrten Tradition, die er mündlich kennenlernte, den urbildlichen Grundgedanken zu erfassen und auszusprechen. Im Sinne der Archetypik ist die koranische Legende sozusagen der ältere

Bericht. Der Baum ist in den Mythen der Völker ein altes Muttersymbol und zugleich ein Archetyp des Selbst. Aus einem (Ganzheits-)Kern hervorwachsend, breitet er sich in alle Dimensionen aus, »verzweigt« sich, um die Selbstverwirklichung als Frucht hervorzubringen. Zugleich ist er der Grund und die Umhüllung des Ich, das nur im Schoße des Selbst gründen und zu seiner Bestimmung, der Individuation, gelangen kann. Die Mutter Jesu wird also in den Baum-Archetyp hineingenommen, während das geborene Kind als Kind-Archetyp die Wiedergeburt repräsentiert, die neue Existenz, die vom Ich wahrgenommene Beziehung zum Selbst und die daraus bewußt vollzogene Ganzwerdung. Erich Neumann, der diesen Zusammenhängen in seinem Buch »Die große Mutter« nachgegangen ist, führt als Beispiel die ägyptische Muttergöttin Hathor an. »Die Göttin als der den Seelen Nahrung spendende Baum, die Sykomore oder die Dattelpalme, ist eine ... zentrale Figur Ägyptens. Gebären und die Sonne gebären gehört wie das Nähren zum Muttertum des Baumes. Die Sykomorengöttin Hathor, die als ›Haus des Horus‹ den Horus gebiert, trägt die Sonne auf ihrem Kopf; der Wipfel des Baumes ist der Ort der Sonnengeburt, das Nest, aus dem der Phönix-Reiher aufsteigt« (S. 230). Neumann nennt noch eine Fülle von Parallelen, die alle auf den gemeinsamen Archetyp weisen. Emma Jung berichtet aus einer der vielen Parzival(Perceval)-Überlieferungen, daß Perceval, durch einen Wald reitend, zu einem Baum gelangte, in dessen Zweigen er ein Kind erblickte. Dieses Kind repräsentiert die Ganzwerdung, der sich Perceval in einem entscheidenden Stadium seiner »Suche« näherte (E. Jung/M. L. von Franz, Die Graalslegende, S. 289 ff.). Der Baum mit den Früchten steht zugleich in einer Beziehung zum Baum der Erkenntnis im Paradiesbericht der Bibel. Pseudo-Matthäus enthält einen Hinweis darauf. Auch die aufspringende Quelle gehört in diesen Zusammenhang. Die der neuen Eva geschenkten Früchte, die sie dem Kind, der neuen Existenz, verdankt, stellen das Gegenbild zu den verbotenen Früchten des Sündenfalls dar. Der Koran transponiert urbildliche Wirklichkeit aus dem mythischen Bereich ins Heilsgeschichtliche: Gott schafft das Archetypische. Das Archetypische in Gott, der Ur-Koran, tritt in die Zeit.

»Und sie kam mit ihm
zu ihrem Volk,
ihn tragend.
Sie sprachen:
›Maria!
Du hast etwas Sonderbares
getan.
Schwester Aarons!
Dein Vater war doch kein
schlechter Mensch
und deine Mutter
keine Hure.‹
Da deutete sie
auf ihn.
Sie sprachen:
›Wie sollen wir mit einem
sprechen,
der, ein Kind,
in der Wiege liegt?‹
Er sprach:
›Ich bin der Knecht Gottes.
Er hat mir das Buch gegeben
und mich zum Propheten gemacht.
Und er hat gemacht,
daß mir Segen sei,
wo immer ich bin,
und hat mir das Gebet
und die Almosensteuer
geboten,
solange ich lebe,
und Liebe
gegen meine Mutter.
Und er hat mich nicht
gewalttätig
und unselig
gemacht.
Und Heil sei auf dem Tag
meiner Geburt,
auf dem Tag,
da ich sterbe,

und auf dem Tag,
da ich zum Leben
erweckt werde!«»

V. 27–33

Das Bild, das uns als erstes aus diesen Zeilen entgegentritt, ist das der Mutter Maria, die den Jesusknaben auf dem Arm trägt. Dieses Bild ist in der Kunst der Christenheit in zahllosen Abwandlungen dargestellt worden, aber die Christenheit ist im wesentlichen bei diesem Typos des Kind-Archetyps stehengeblieben. In seinen Umkreis gehört noch die Vorstellung vom Kind auf dem Schoß der Mutter und vom ruhenden oder lächelnden Krippenkind. Der Jungfrauensohn, den, wie wir sahen, auch der Koran kennt, repräsentiert das ungestörte Glück der Mutter-Sohn-Bindung, das durch keinen dazwischentretenden Vater unterbrochen wird, die Utopie einer Wunschglückwelt des Paradieses, das beständig spendet und nährt ohne Arbeit und Kampf. Als Symbol eines künftigen Reiches des Friedens und Heils, als letzte, tiefe Glücksverheißung taucht dieses Bild in der Bibel bei den Propheten Jesaja (Kapitel 7, 9 und 11) und Micha (Kapitel 5) auf. Vergil spricht davon in der 4. Ekloge seiner Hirtengedichte.

Der Koran kennt dieses Symbol, aber er überwindet zugleich die Gefahren, die in dieser Ausformung des Kind-Archetyps liegen. Hanna Wolff hat in ihrem Buch »Jesus der Mann« darauf hingewiesen, daß das Bild der Madonna mit dem Kind in der abendländischen Überlieferung regressive Züge trägt. Sie charakterisiert den vulgären Protestantismus als »Rückfall in die Vaterbindung«, den Vulgärkatholizismus hingegen als »Rückfall in die Mutterbindung«. »Der Vulgärkatholizismus verfügt über Bibel und gesamte Tradition mit der Psychologie der Mutterbindung. Wie die dominierende große Mutter, die weiß, was sich für die Ihren gehört, und die die Mittel kennt, es durchzusetzen. Hier wird Heil, intra muros ecclesiae, nichts weniger als garantiert. Zwar nicht ohne weiteres die ewige Seligkeit, aber schlechthin verloren gehen kann keines der Kinder dieser großen Mutter. Höchstens ins Fegefeuer kann es kommen und halt ein bißchen mehr büßen. Niemand wird hier ernsthaft in die Entscheidung gestellt, denn im Prinzip kann es ja immer nur um die Entscheidung für die allvermögende Mutter gehen« (S. 163). Nach Hanna Wolff ist dieses

Verhältnis in der Marienverehrung symbolisiert. Demgegenüber habe Luther in der Selbstwerdung einen gewaltigen Schritt nach vorn getan. »Bei Luther geht es um eine Lebensfrage der Mutter Kirche, die sich als Große Mutter in ihren Vertretern konstelliert hat. Denn hier will einer dieser Großen Mutter psychologisch entrinnen. Hier will einer die Infantilität selbst vor Gott abstreifen« (S. 45). Hanna Wolff geht dann noch einen Schritt weiter. »Mit dem freundlichen Jesuskind verbindet sich nämlich die ganze Härte einer verschärften Richtervorstellung. Der anmutig gelockte Knabe ist zugleich der Weltenrichter. Der gesamte psychisch-geistige Horizont ist verdüstert. Das Ende, der Jüngste Tag der Endabrechnung, kommt herauf. Man spürt schon die sengenden Endurteile, denen man nicht entrinnt. Totentänze und Todesmeditationen sind zahlreich, das verzehrende Feuer des Jenseits flammt schon ins Diesseits hinein« (S. 46). Es ist die unter der unabgelösten Mutterbindung unterdrückte Eros-Energie, die sich als Macht- und Vernichtungswille projiziert.

Aber der Kind-Archetyp ist nicht nur die personifizierte, anmutige kindliche Hilfsbedürftigkeit. Er kann geradezu als Ausdruck der völligen Seinsgewißheit und inneren Sicherheit auftreten. Er manifestiert sich dann als Ausdruck der Selbstfindung und des Geistes, insbesondere im Zusammenhang mit den Problemen der zweiten Lebenshälfte. Ausdrücklich sagt C. G. Jung: »Der Geist kann bei beiden Geschlechtern auch in der Gestalt eines Knaben oder Jünglings auftreten ... Sie kann positiv sein und hat dann die Bedeutung der ›höheren‹ Persönlichkeit, des Selbst« (GW 9/1, S. 231). Gerade in diesem Sinn tritt nun der Kind-Archetyp im Koran auf. Dieses Kind ist alles andere als hilfsbedürftig, es ist von unbekümmerter Selbstsicherheit. Kaum geboren, ergreift es schon die Initiative und steht seiner Mutter bei, die von seiner Hilfe abhängig ist. »Unter ihr« ruft es – aus dem Mutterschoß oder eben geboren – der verzweifelten Maria zu, das Wasser, das Gott geschaffen, wahrzunehmen und die Palme zu sich herzuschütteln, um an die daran hängenden Datteln zu kommen. Schelmischen Rat erteilt es sogleich gegen unerwünschte Fragensteller. Schließlich richtet es sich in der Wiege auf und reinigt seine Mutter von jedem Verdacht, indem es zu sprechen beginnt und sich als Gottesknecht, Buchbesitzer und Prophet vorstellt. Der Kind-Archetyp erscheint hier in einer Gestalt, die sich der Vorstellung vom »göttlichen Schelm oder Lausbub« im Bereich anderer Religionen nähert. Man denke nur an die Überlieferungen vom Krischna- und Buddhaknaben. Wenn Sadr-ud-din in den Anmerkungen zu seiner Koranübersetzung meint, daß »die Ansprache, die zwischen der mit ihrem Sohn erschienenen Maria und ihrem Volk stattfindet, ... den Zeitpunkt vorweg(nimmt), zu dem Jesus genügend erwachsen sein würde, um zur Würde eines Propheten erhoben zu werden und göttliche Offenbarung zu erlangen« (S. 507), dann hat er damit im historischen Sinne natürlich recht. Nur darf eine solche Exegese nicht den Reiz des Archetypischen wegstreifen. Im Kind-Archetyp konstelliert sich die neue Existenz, die Wiedergeburt oder Geburt aus dem Geiste, durch die wir Kind werden im Sinne der Seins- und Selbstgewißheit und nicht der Infantilität. Durchgängig heißt es überdies im Koran »Jesus, der Sohn der Maria«. Jesus wird also stets mit seiner Mutter zusammengesehen. Jesus und seine Mutter stellen ein zusammengehöriges eschatologisches Symbol dar, die neue Menschheit, das sich mit der Symbolik von Apokalypse 12, 1–6 in mancher Hinsicht vergleichen läßt. Die dort auftauchende Gestalt des Sonnenweibes, das den Messias gebiert, weist ebenfalls in die Richtung der eschatologischen und ganzheitlichen Vollendung der Menschheit.

Die in Sure 19 auftretenden Selbstprädikationen Jesu verdienen unsere Aufmerksamkeit. Die Selbstbezeichnung »Knecht Gottes« versetzt uns in die urchristliche Zeit. In der Apostelgeschichte und in der frühchristlichen Didache, der Lehre der zwölf Apostel, wird Jesus der Knecht Gottes genannt. So heißt es in der Apostelgeschichte 3, 13: Gott »hat seinen Knecht Jesus zur Herrlichkeit erhoben«. 3, 26: »Für euch hat Gott seinen Knecht zuerst erscheinen lassen und hat ihn gesandt, euch zu segnen, indem er jeden einzelnen von euch bekehrt von seinen Sünden.« 4, 27: »Ja, sie haben sich wahrhaftig in dieser Stadt zusammengeschart gegen Jesus, deinen heiligen Knecht, den du (Gott) gesalbt hast.« 4, 30: »Recke (Gott) deine Hand aus, daß Heilungen und Zeichen und Wunder geschehen durch den Namen deines heiligen Knechtes Jesus.« Die Didache dankt Gott im Zusammenhang mit dem eucharistischen Kelch für den »heiligen Weinstock Davids, deines Knechtes, den du uns zu erkennen gabst durch Jesus, deinen

Knecht« (9, 2). Eigenartigerweise wird auch in der Apostelgeschichte an den genannten Stellen David neben Jesus als Knecht Gottes bezeichnet. Der innere Blick geht zugleich auf die Gottesknechtlieder des zweiten Jesaja (Kapitel 42, 49, 52f.). »Siehe da mein Knecht, an dem ich festhalte, mein Erwählter, an dem meine Seele Wohlgefallen hat. Ich habe meinen Geist auf ihn gelegt; daß er die Wahrheit unter die Völker hinaustrage« (Jesaja 42, 1). Der Gottesknecht ist der Träger des Gottesgeistes, der auch als zweiter Mose vorgestellt wird. Doch soll auf diesen Zusammenhang an anderer Stelle eingegangen werden, da er sich mit dem Selbstverständnis Mohammeds eigenartig berührt.

Wenn sich Jesus als Schriftbesitzer und Prophet vorstellt, dann wird er als der Bringer des Evangeliums gesehen, wobei hier die Botschaft Jesu mit dem nach dieser genannten Buch (Evangelium) zusammenfließt. Da Jesus der Mensch des Geistes Gottes ist, ist er die eigentliche Botschaft selbst im Unterschied zu den Evangelienbüchern. Er ist das Evangelium in den Evangelien. Als die Manifestation der Liebe Gottes tritt er in der koranischen Selbstdarstellung darin hervor, daß Gott es bewirkt hat, »daß mir Segen sei, wo immer ich bin«. Die Ausdrucksweise erinnert an die Evangelien, nach denen Jesus das heilende Charisma ständig zufließt.

Die Ausführungen von Sure 19 finden eine Reihe von wichtigen Ergänzungen in Sure 3, welche »die Sippe Imrans« genannt wird. Gott, heißt es dort, habe »Adam und Noah und die Sippe Abrahams und die Sippe Imrans vor allen Menschen erwählt«, und zwar als »ein Geschlecht, von dem einer aus dem andern stammt« (V. 33f.). Die Genannten bilden gewissermaßen die Hauptachse der Offenbarung, aus der schließlich Maria und Jesus hervorgehen. Imran ist auf hebräisch Amram, der Vater von Mose, Aaron und deren Schwester Mirjam (4. Mose 26, 59). Die Sippe Imran wird nun in Sure 3 als die Familie Marias aufgefaßt, wie schon in Sure 19, 28 Maria als »Schwester Aarons« bezeichnet wird. Aus diesem Umstand hat man den Schluß gezogen, Mohammed habe, da beides ja *ein* Name ist, die Schwester Aarons mit der Mutter Jesu identifiziert und daher auch, Sure 3, 35, die Frau des Imran zur Mutter der Maria gemacht. Völlig ausgeschlossen ist eine solche Möglichkeit nicht. Gemeint kann aber auch einfach nur sein, daß es sich um eine Frau aus der Sippe des Aaron und des Imran handelt. Es können hier auch typologische Auslegungen der Kirche nachklingen, die Maria, die Mutter Jesu, als zweite Mirjam bezeichneten.

Die folgenden Aussagen über die Geburts- und Kindheitsgeschichte der Maria sind in vielem vom Protevangelium des Jakobus abhängig. Darauf soll nicht im einzelnen eingegangen werden. Es dürfte bedeutsam sein, daß, anders als im Protevangelium, Maria, wie erwähnt, in enge Verbindung mit der Familie des Mose gebracht wird. Darin könnte, wie mit dem Hinweis auf Maria als zweite Mirjam, auch ein Hinweis auf Jesus als zweiten Mose enthalten sein, der dem Judenchristentum nahelag.

Die Frau Imrans, erzählt der Koran, betete zu Gott: »Herr, ich habe dir, was in meinem Schoße ist, geweiht.« Geboren aber wird kein Knabe, sondern das Mädchen Maria. Gott nimmt sie als Weihgabe für den Tempel an. Sie wird in den Schutz des Zacharias (im Protevangelium ist es Joseph) gestellt. Sooft aber Zacharias zu ihr in die Zelle tritt, findet er Speise bei ihr. Maria wird von Gott wunderbar mit einer Art Himmelsbrot ernährt. Diese Erzählung ergänzt Sure 19 und erklärt, wie Maria in den Tempel kam. Die folgenden Verse (38–41) berichten von der Verheißung eines Sohnes an Zacharias. Dabei wird von Johannes gesagt, daß er an ein gewisses Wort (kalima) von Gott glauben wird. Das menschgewordene Wort Gottes aber ist nach dem Koran Jesus. In diesem Sinne variiert dann auch gegenüber Sure 19 die Botschaft der Verkündigungsengel (diesmal ist von einer Mehrzahl die Rede, in deren Mitte man sich wohl Gabriel denken muß): »O Maria, siehe, Gott verkündet dir ein Wort (kalima) von sich, sein Name ist der Messias Jesus, der Sohn der Maria, angesehen im Diesseits und Jenseits und einer von den Gott-Nahen« (V. 45).

Hier wird also Jesus ausdrücklich, wie wir schon andeuteten, als das Wort, als der Logos Gottes bezeichnet, der in Maria Mensch wird. Von hier aus nimmt Jesus eine herausragende Stellung im Koran ein. Er ist das Wort, der Logos Gottes in Person, wie er zugleich der neue Mensch des Geistes ist. In V. 59 heißt es: »Siehe, Jesus ist vor Gott gleich Adam. Er schuf ihn aus Erde. Darauf sprach er zu ihm: ›Sei!‹, da ward er.« Zu Maria spricht der Verkündigungsengel mit Blick auf die Entstehung Jesu in ihrem Schoß: »Also schafft Gott, was er will; wenn er eine Sache beschlossen hat, spricht er nur zu ihr: ›Sei!‹, dann ist sie« (V. 47). Jesus und Adam sind nach dem Koran unmittelbar – ohne Vermittlung eines menschlichen Vaters – von Gott geschaffen worden. Jesus ist der zweite Adam, der neue, eschatologische Mensch Gottes. Sein Erscheinen hat eine die gesamte Menschheit im eschatologischen Sinne betreffende Bedeutung. Wir werden im folgenden auf weitere Koranaussagen stoßen, die diese Bedeutung noch unterstreichen und vertiefen.

Jesus wird von den Engeln »der Messias« genannt. Damit soll zum Ausdruck gebracht werden, daß er der Messias Israels ist. Ferner wird auch an dieser Stelle erwähnt, daß er schon in der Wiege zum Volk sprechen wird. Gott wird ihn »die Schrift, die Weisheit, die Thora und das Evangelium lehren« (V. 48). Interessant ist in diesem Zusammenhang der ausdrückliche Hinweis auf das Weisheitselement in der biblischen Überlieferung, das so leicht gegenüber Gesetz und Evangelium, altem und neuem Bund übersehen wird. Und sprechen wird Jesus als Gesandter zu den Kindern Israel:

»Siehe, ich komme zu euch
mit einem Zeichen von eurem Herrn.
Siehe, ich will euch aus Lehm
die Gestalt eines Vogels schaffen.
Dann werde ich in sie hauchen,
und es sollen mit Gottes Erlaubnis
Vögel sein.
Und ich werde heilen
mit Gottes Erlaubnis
Blinde und Aussätzige
und Tote lebendig machen.
Und Kunde werde ich euch geben
von dem, was ihr in euern Häusern
eßt und aufspeichert.
Darin liegt ein Zeichen für euch,
so ihr gläubig seid.«   V. 49

Jesus stellt sich in diesem Vers als Wundertäter und Heilandsgestalt vor. Der Koran verwendet dabei apokryphe Überlieferungen wie die von der Erschaffung und Belebung von aus

Lehm geformten Vögeln. Die Erzählung geht auf eine Geschichte zurück, mit der das Kindheitsevangelium des Thomas beginnt. Da heißt es, daß Jesus im Alter von fünf Jahren an der Übergangsstelle eines Stromes spielte. Er leitete das vorüberfließende Wasser in Gruben zusammen und machte es durch sein Wort rein. Dann bereitete er aus weichem Lehm zwölf Sperlinge, und das alles am Sabbat. Viele andere Kinder spielten mit ihm. Ein Jude meldet die Sabbatschändung seinem Vater Joseph. Der will seinen Sohn zur Rede stellen, aber Jesus klatscht nur in die Hände, ruft den Sperlingen zu: »Fort mit euch!«, und die Sperlinge, die eben noch Lehm waren, fliegen davon. Die Geschichte gehört also noch in den Bedeutungsbereich des Kind-Archetyps. Sie wird leicht als eine reizende Kindergeschichte verkannt. Ihr Sinn sei daher wenigstens angedeutet: Jesus spielt am Fluß des Lebens, an der Übergangsstelle zum anderen Ufer. Er ist es, der den Fluß des Lebens, der alle Menschen umschlingt und mit sich fortreißt, zum Stehen bringt. Der Strom des Lebens wird zum Wasser des Lebens, aus dem sich die Neuschöpfung vollzieht, die durch die zwölf Sperlinge symbolisiert wird. Jesus weist durch sein Spielen an der Übergangsstelle auf das andere Ufer, das Reich des Friedens und der erlösten Seele. Die neugeschaffenen Menschen »fliegen« in alle Welt hinaus. Ihr Gesang ist die Botschaft Jesu. Der Koran hat diese Erzählung vereinfacht, elementarisiert. Jesus, das menschgewordene Wort Gottes, kann Leben schaffen wie Gott. Aber dieses Leben ist von einer neuen Qualität. Vögel sind ein uraltes Bild für die Seele. Jesus schafft den Menschen zu einem Wesen, das seine Seele erfährt als angehaucht von Gott, das seine Seele in den Frieden davonträgt.

»Ich werde heilen mit Gottes Erlaubnis Blinde und Aussätzige und Tote lebendig machen«, klingt wie ein neutestamentliches Summarium: »Die Blinden sehen, die Lahmen gehen, die Aussätzigen werden rein, die Tauben hören, die Toten stehen auf, den Armen wird das Evangelium gepredigt« (Lukas 7, 22). Schließlich ist von einer hellseherischen Fähigkeit Jesu die Rede, von der in anderem Zusammenhang auch im Johannesevangelium (1, 48) gesprochen wird. Sadr-ud-din gibt der Aussage die erweiternde Deutung, daß Jesus sieht, was der Mensch für das Diesseits und das Jenseits genießt und bei sich aufspeichert (Der Koran, S. 100).

Die Thoratreue Jesu, die ja auch für die neutestamentliche Wissenschaft wieder stärker ins Blickfeld rückt, wird ausdrücklich betont, wobei Jesus im Koran als ein milder Exeget des Gesetzes gilt und nicht als Thoraverschärfer. Jesus kommt, zu bestätigen, was vor ihm von der Thora da war, zugleich aber auch, um einiges von dem zu erlauben, was den Juden verboten worden ist (V. 50). In Sure 43, 63 spricht Jesus zu den Israeliten: »Ich bin mit der Weisheit zu euch gekommen und um euch einiges von dem, worüber ihr uneins seid, zu erklären.« Jesus wird hier also als Weisheitslehrer verstanden, in welcher Gestalt er heute in der Forschung von E. Käsemann wieder stärker gesehen wird. Sure 3 spricht dann davon, daß Jesus, als er auf den Unglauben der Israeliten stößt, die Frage nach dem Jüngerbekenntnis stellt: »Wer sind meine Helfer zu Gott hin?« Darauf antworten die Jünger: »Wir sind Gottes Helfer. Wir glauben an Gott. Bezeug, daß wir ihm ergeben sind!« (V. 52). Das ist eine gewisse Parallele zum Petrus-, zum Jüngerbekenntnis in den Evangelien. Jesus ist auf dem Wege zu Gott hin, er ist selbst Ausdruck dieses Wegs, die Jünger stehen ihm bei und werden Helfer Gottes genannt, so wie die, die in Medina der Sache des Islam beistehen. Sie sind in der Zeit Jesu wahre Moslems in dem erweiterten Sinne der Gottergebenen in allen Völkern und Glaubensgemeinschaften.

Es folgen dann die bedeutungsschweren Aussagen in Sure 3:

»Und sie schmiedeten Listen,
und Gott schmiedete Listen.
Er kann es am besten.
Da Gott sprach:
›O Jesus, ich werde dich
abberufen
und zu mir erhöhen
und rein machen
weg von den Ungläubigen.
Und ich setze die dir folgen
über die Ungläubigen
bis zum Tage der
Auferstehung.‹«   V. 54f.

Diese Aussagen werden durch Sure 4, 157–159 vervollständigt:

»Sie sprachen:
›Siehe, wir haben den Messias Jesus,
den Sohn der Maria,
den Gesandten Gottes,
getötet‹ –
doch sie haben ihn nicht
getötet,
noch gekreuzigt,
sondern es erschien ihnen einer
ähnlich.
Und die, die über ihn
uneins sind,
sind im Zweifel über ihn.
Sie haben darüber kein Wissen,
sondern gehen Meinungen nach.
Und sie haben ihn nicht mit
Gewißheit getötet,
sondern Gott erhöhte ihn
zu sich.
Und Gott ist mächtig
und weise.
Und alle aus dem
Volk der Schrift
werden an ihn glauben
vor seinem Tode.
Und am Tag der
Auferstehung
wird er gegen sie
Zeuge sein.«

Die beiden Suren enthalten die Ansicht, daß Jesus von den Juden nicht gekreuzigt und getötet worden ist, sondern daß diese statt seiner einen ihm Ähnlichen ans Kreuz schlugen. Gott, heißt es, habe Jesus vielmehr zu sich erhöht oder entrückt. Von dort wird er zu seiner Parusie (Wiederkunft) am Ende der Zeit erscheinen, dann erst sterben und unmittelbar nach seinem Tod, der das Signal für die allgemeine Totenauferstehung bildet, wieder aufleben und als Zeuge der Wahrheit beim Jüngsten Gericht mitwirken. Eine entsprechende Entrückkung nimmt der Koran wohl auch für die Mutter Jesu an. Letzteres geht aus Sure 5, 17 hervor. Diese Stelle spricht davon, daß Gott, falls er es wollte, Christus und seine Mutter und alle, die auf der Erde sind, zugrunde gehen lassen könnte. Sie setzt damit voraus, daß Jesus und seine Mutter noch am Leben sind.

Die Gnostiker bereits vertraten die Ansicht, daß statt Jesus ein anderer gekreuzigt worden sei. Nach dem Gnostiker Basilides war es Simon von Kyrene, den man zwang, für Jesus das Kreuz zu tragen (Markus 15, 21). Dieser sei irrtümlich gekreuzigt worden, da er von ihm verwandelt wurde, so daß man ihn für Jesus hielt, während Jesus die Gestalt des Simon annahm. Die Johannesakten machen einen Unterschied zwischen der Kreuzigung auf Golgatha und der Offenbarung eines Lichtkreuzes, das ein Ganzheitssymbol darstellt. Während sich auf Golgatha dem Schein nach das konkretistische Kreuzigungsgeschehen abspielt und die Jünger verwirrt fliehen, erscheint dem Johannes der Herr auf dem Ölberg in der Mitte einer Höhle und enthüllt ihm den eigentlichen Sinn: »Johannes, für das Volk da unten werde ich in Jerusalem gekreuzigt und werde mit Lanzen gestoßen... Mit dir aber rede ich, und was ich sage, das höre! Ich war's, der dir eingab, auf diesen Berg hinaufzusteigen, weil du hören sollst, was der Jünger vom Meister vernehmen muß und der Mensch von Gott.« Dann enthüllt er ihm, daß das Kreuz »wirklich, an und für sich betrachtet und auf uns bezogen« das ist, »was alle Dinge in Grenzen hält... Es ist Harmonie der Weisheit, Weisheit nämlich in (vollendeter) Harmonie. Es gibt (im All zunächst) zur Rechten und zur Linken (Orte): Mächte, Gewalten, Herrschaften und (andererseits) Dämonen, Energien, Bedräuungen, Wallungen, Teufeleien, den Satan und die untere Wurzel, aus der die Natur dessen, was entsteht, hervorgegangen ist. Dies Kreuz also ist es, das das All durch das Wort befestigt und das, was von seiner Entstehung her auch das Untere bildet, in Grenzen gebracht, danach aber auch als das Eine alles festgemacht hat. Jedoch ist das nicht das Kreuz aus Holz, das du sehen wirst, wenn du von hier (nach Jerusalem) hinabsteigst. Ebensowenig bin ich, den du jetzt zwar nicht siehst, dessen Stimme du aber hörst, der, der (in Jerusalem) am Kreuze (hängt). Für das, was ich gar nicht bin, wurde ich gehalten, wo ich doch gar nicht das bin, was ich für die anderen Vielen war« (W. Michaelis, Die Apokryphen Schriften zum Neuen Testament, S. 252ff.).

Das kirchliche Christentum hat den ausschließlich zeichenhaften Sinn des Kreuzes Jesu als Ausdruck der Liebe Gottes zu den Menschen, verbunden mit einer Sühnopfertheorie, viel zu einseitig betont und darüber den symbolischen Sinn des Kreuzes als Ausdruck der noch ausstehenden und verheißenen Ganzheit des Menschen außer acht gelassen. Eugen Rosenstock-Huessy spricht vom »Kreuz der Wirklichkeit«, das er zugleich »das Kreuz in Wirksamkeit« nennt. Es ist ein Ganzheits- und Wandlungssymbol, ein Modell des Universums, das in sich zusammenfaßt, was da ist »die Breite und Länge und Höhe und Tiefe, ... auf daß ihr erfüllt werdet zu der ganzen Fülle Gottes« (Epheserbrief 3, 18 f.). Das Christentum blickt in der Vertikalen nicht nur idealistisch in die Höhe, wie die Welt sein sollte; es blickt den Kreuzesbalken hinunter zugleich in die Tiefe existentialistischer Entfremdung, die unseren Lebenssinn bedroht, und in Tod, Endlichkeit und Sinnverlust, den der Mensch durchleidet; es schaut in der Horizontalen nicht nur auf die Ursprünge und Anfänge, in denen die Welt sich erfrischte, zurück, sondern blickt zugleich in die noch ausstehende Zukunft der Welt und bleibt sich dabei bewußt, daß alle vier Erstreckungen der Welt in der Mitte des Kreuzes zentriert sind, also hier und heute ausgetragen werden müssen; wobei aus der Höhe Ermutigung und Geist, aus der Tiefe unerlöste Fülle, aus den Anfängen Vorwegnahmen und Aufbrüche, aus der Zukunft die Möglichkeiten zuströmen – und das alles als zu uns hereinbrechende ganze Fülle Gottes, der im Symbol des vierdimensionalen Kreuzes keinen Wirklichkeits- oder Weltaspekt ausschließt, *uns* nicht ausschließt.« Welt« ist nicht feststehende Verfassung, sondern drängt aus allen vier Dimensionen auf Verwandlung hin.

Der Koran ist ein Protest gegen ein Kreuzesverständnis, das den eschatologischen Ganzheitsaspekt außer acht läßt. Dem Christentum ist nahezu aus dem Blick gekommen, was es von einem wahrhaft symbolischen Kreuzesverständnis (Kreuz als Vierung, Ganzheit der Wirklichkeit) her sein könnte. Mohammed weist die Gestalt Jesu ganz ins Eschatologische hinein. Die Eschatologie ist die zweite Lebenshälfte Jesu. Auch im Islam kann man urchristlich ausrufen: »Unser Herr kommt!« (Maranatha, 1. Korintherbrief 16, 22). Was aber kommt, ist der eschatologische, der neue, und das heißt zugleich der ganze

Mensch. Ausdruck dieser Ganzheit ist es beispielsweise, daß nach Auffassung des Islam Jesus nach seiner Wiederkunft heiraten wird. Das hat eine gewisse Parallele in Apokalypse 19, 7, wo von der Hochzeit des Lammes die Rede ist. In diesen Ganzheitsaspekt gehört wohl auch die Entrückung der Mutter Jesu hinein. Gott hat in Jesus und seiner Mutter die Idee der Geburt des neuen Menschen in die göttliche Allgegenwart erhoben. Der heimliche Sinn des göttlichen Handelns ist von daher enthüllt. Jesus ist als ein »mathal«, das heißt als ein Typos, Vorbild, Beispiel hingestellt (Sure 43, 59), er ist ein Erkennungszeichen der Stunde (Sure 43, 61). Ihn und seine Mutter hat Gott zu einem Zeichen gemacht (Sure 23, 50).

Die Kreuzigung eines anderen an Jesu Statt stellen sich die islamischen Exegeten wie folgt vor: Baidawi erzählt, ein Mann habe vor Jesus geheuchelt und sei dann fortgegangen, um ihn anzuzeigen. Gott habe daraufhin diesem Mann eine ähnliche Gestalt wie Jesus gegeben, worauf man ihn ergriff und kreuzigte. Bei der Kreuzigung seien einigen Juden Zweifel gekommen: »Wenn dieser Jesus ist, wo ist dann unser Gefährte, der ihn verraten wollte?« Andere meinten: »Das Gesicht ist das von Jesus, der Leib aber ist der unseres Gefährten.« Einige vertraten allerdings auch die Meinung, daß Jesu menschliche Natur gekreuzigt worden und seine göttliche Natur zum Himmel aufgestiegen sei (s. H. Gätje, Koran und Koranexegese, S. 174f.).

Man wird für das Verständnis des Korans wohl auch beachten müssen, daß er eine Linie auszieht, die von Markus bis Johannes dahin geht, das konkretistische Passionsleiden Jesu immer mehr abzuschwächen. Vom wortlosen Schrei, mit dem Jesus vielleicht ursprünglich starb, über das »Mein Gott, mein Gott, warum hast du mich verlassen?« bei Markus und den stillen Frieden der Kreuzesworte bei Lukas führt ein Weg zum Johannesevangelium, in dem Jesus nicht mehr unter dem Kreuz zusammenbricht, sondern es, fast möchte man sagen, triumphalistisch selber trägt, in dem die Kreuzigung als Erhöhung und Verherrlichung bezeichnet wird und der Gesandte Gottes, wie Jesus in diesem Evangelium heißt, mit den Worten »Es ist vollbracht!« seine Sendung vollendet. Das Leiden Jesu tritt im Johannesevangelium derart zurück, daß Käsemann meint: »Der durch die Erde als ein Fremder ging, nämlich als der vom Vater Gesandte, und durch den Tod unangefochten und jubelnd geht, weil er in das Reich der Freiheit zurückgerufen wird, hat ganz einfach seine Sendung erfüllt, wie sein letztes Wort am Kreuz anzeigt« (Jesu letzter Wille, S. 48f.). Das Ganze ist nur wie ein Wechsel des Raums. Mohammed hat das Schicksal Jesu in das Schema von den Gesandten Gottes hineingestellt. Gott rettet seine Gesandten vor ihren Feinden; er fängt die Listigen in ihrer List. Die koranische Intuition bringt damit zugleich zum Ausdruck, daß der in dem Messias Jesus erschienene neue Mensch unzerstörbar ist und darum zu Gott entrückt wurde, weil in seiner Zukunft die Vollendung der Geschichte steht.

Die über den Koran hinausgehende weitere Entwicklung der islamischen Endzeitvorstellung sei hier wenigstens angedeutet. Die Welt treibt unaufhaltsam ihrem Ende zu. Die Verhältnisse der Erde verschlechtern sich mehr und mehr. Dann tritt ein Mahdi auf, ein von Gott »Geleiteter«, und bringt das goldene Zeitalter. Am Ende dieses Zwischenreiches, das sich mit dem tausendjährigen messianischen Reich von Apokalypse 20, 4 vergleichen läßt, erscheint der Antichrist (Daddschal, der Betrüger). Seine Herrschaft wird Jesus durch seine Wiederkunft beenden. Er wird den Antichrist töten, heiraten, den Islam verkünden und nach 40 Jahren in Medina sterben. Dann erschallt der Posaunenstoß des Engels Israfil, der den Jüngsten Tag einleitet. Im jüdischen 4. Esra-Buch wird ebenfalls die Ansicht vertreten, daß der Messias am Ende des messianischen Reiches sterben wird und mit ihm die gesamte Menschheit. Dann aber wird nach einer Woche tiefsten Schweigens das Weltgericht anheben (4. Esra 7, 28ff.).

Die Trinität und eine damit verbundene Vergottung Jesu lehnt der Koran ab. Eine Erörterung der damit zusammenhängenden Fragen wird im folgenden Kapitel aufgenommen.

Das Siegel der Propheten

Bald nach dem Eintreffen in Medina schrieb Mohammed eine Urkunde, die das Leben der Bürger in dieser Stadt neu ordnete. Diese Urverfassung von Medina lautet in sehr vereinfachtem Wortlaut wie folgt:

»Im Namen des barmherzigen und gütigen Gottes. Dies ist eine Urkunde von Mohammed, dem Propheten Gottes, über die Beziehung zwischen den Ausgewanderten aus Mekka und den Helfern aus Medina. Sie sind *eine* Gemeinde. Das unterscheidet sie von den Ungläubigen. Die Gläubigen schützen sich gegenseitig ohne Rücksicht auf Stämme und Sippen. Gottes Schutz ist ein einziger. Die Juden, unsere Mitbürger, genießen die gleiche Hilfe und Unterstützung. Der Friede Gottes ist ein einziger. Alle Verträge unter euch und mit ihnen müssen auf Gerechtigkeit und Gleichheit des Rechts beruhen. Die Juden regieren sich nach den Gesetzen ihrer eigenen Religion, sie unterstehen ihren Oberhäuptern. Den Juden ihre Religion und den Moslems die ihre! Unser Gott und ihr Gott ist einer. Juden und Moslems zahlen die gleichen Unkosten für das Allgemeinwohl. Sie helfen einander gegen jeden, der gegen die Leute dieser Urkunde kämpft. Die Leute dieser Urkunde helfen sich gegen jeden, der die Stadt überfällt. Den Kuraischiten wird kein Schutz gewährt. Niemand, der in diesen Bund eingetreten ist, darf ihn brechen. Wahrlich, Gott erzürnt, wenn sein Bund gebrochen wird. Gott billigt diese Urkunde. Gott schützt jeden, der aufrichtig ist. Und Mohammed ist der Prophet Gottes« (Ibn Ishaq, Das Leben des Propheten, S. 109–111).

Mohammed fand in Medina so einzigartige Bedingungen vor, daß sie im wahrsten Sinne des Wortes zur »Stadt des Propheten« (madinat an-nabi) werden konnte. Medina, »die Stadt« – ihr älterer Name ist Jathrib –, war äußerst labil organisiert. Sie war keine rein arabische Stadt, sondern besaß eine große und einflußreiche jüdische Bürgerschaft. Man konnte Medina mit gleichem Recht eine jüdische Stadt nennen. Der religiöse Einfluß der Juden gegenüber dem altarabischen Heidentum war bedeutend. Der Stadt fehlte eine ihrer besonderen Situation angemessene Verfassung. Das labile Verhältnis der Stämme und Gruppen zueinander wurde noch schwieriger, als immer mehr islamische Auswanderer (Muhadschirun), die der religiösen Unterdrückung in Mekka wichen, in Medina eintrafen. Medinenser, die zum Islam übertraten und sich als Ansar oder Helfer Gottes der Emigranten annahmen, schieden sich von den altarabischen Polytheisten. Eine politische Führergestalt war notwendig geworden, die medinensischen Angelegenheiten neu zu ordnen. Eine Gesandtschaft aus Medina forderte Mohammed auf, nach Medina überzusiedeln. Im Jahre 622 folgte Mohammed den Auswanderern in »die Stadt«. Das Jahr der Hidschra (Übersiedlung) des Propheten ist aus gutem Grund das Jahr der Zeitenwende des islamischen Kalenders geworden. Der Islam entwickelte in Medina die ihm eigene, zugleich religiöse und politische Gemeinschaftsform, die islamische umma (wörtlich = Volk, Nation, Gemeinde, Gemeinschaft).

Es kann hier nicht die Aufgabe sein, die Kämpfe Mohammeds in Medina und die kriegerischen Handlungen gegen die Kuraischiten im einzelnen darzustellen. Unvermeidlich stand Mohammed vor der Situation, sich gegen die Angriffe der Mekkaner, die von der Einigung Medinas eine Einbuße ihrer wirtschaftlichen und religiösen Monopolstellung befürchteten, zur Wehr setzen zu müssen. Die Vereinigung von religiösem und politischem Führer, von Prophet und Feldherr hat Mohammed insbesondere von christlicher Seite scharfe Kritik eingetragen. Die Kritiker übersehen nur geflissentlich, daß sich das »friedliebende« Christentum mehr oder minder dem starken Arm des Staates anheimgeben mußte und dazu, im Bereich der lutherischen Kirche, eine eigene Zwei-Reiche-Lehre ausbildete. Aber schon das mittelalterliche Christentum entwickelte eine Unterscheidung von imperium (Kaisertum) und sacerdotium (Papsttum) und sprach in heuchlerischer Weise vom »weltlichen Arm« der Kirche.

Ausdrücklich wurde Mohammed durch eine koranische Offenbarung das Recht zugesprochen, Krieg zu führen: »Gott sorgt für die Verteidigung der Gläubigen. Siehe, Gott liebt keinen Verräter und Undankbaren. Denen, die kämpfen, ist die Erlaubnis erteilt worden, weil ihnen Unrecht geschah. Und siehe, Gott hat wahrlich die Macht, ihnen zu helfen, welche zu Unrecht aus ihren Wohnungen vertrieben wurden, nur weil sie sagen: ›Unser Herr ist Gott.‹ Und wenn Gott nicht den einen

Menschen durch die andern gewehrt hätte, wahrlich, so wären Klöster und Kirchen und Synagogen und Moscheen, in denen unablässig der Name Gottes genannt wird, zerstört worden. Aber bestimmt wird Gott dem helfen, der ihm hilft. Er ist stark und mächtig« (Sure 22, 38–40). Sadr-ud-din schreibt dazu: »Hieraus ergibt sich eines der bemerkenswertesten Gebote des Islams. Der Moslem soll sein Leben nicht allein als Opfer dafür einsetzen, daß die Moscheen gerettet und die Verfolger zur Ruhe gebracht werden, sondern auch ebenso zum Schutze der Kirchen, Synagogen und Klöster der Nichtmoslems, also zugunsten religiöser Freiheit überhaupt. Denn der Islam verkündet ja die Gewissensfreiheit; es geschieht das mit den Worten: ›Es soll keinen Zwang in Sachen der Religion geben‹ (Sure 2, 256) ... Die Toleranz des Islams ist demnach keine passive, sondern eine praktisch-aktive« (Der Koran, S, 557). Sadr-ud-din betont noch an der gleichen Stelle, daß man eine ähnliche Auffassung der praktisch-aktiven Toleranz im Alten und Neuen Testament nicht finde.

Die Urverfassung von Medina meint eine Staatsgründung von bewußt tolerantem und ökumenischem Charakter, Toleranz allerdings unter gleichzeitiger Hochgestimmtheit des religiösen Verhältnisses. Der Koran ist seinem Wesen nach eine religionsökumenische Offenbarung. Die Toleranz geht unmittelbar aus dem Grundcharakter der koranischen Verkündigung hervor. »Es sei kein Zwang im Glauben« (Sure 2, 256). Nur Gott kann ja letztlich die Herzen bewegen, und für das Verhältnis der Religionen zueinander gilt, daß Gott einem jeden Volk seinen Gesandten zugeschickt hat. Auseinandersetzungen mit den »Leuten der Schrift«, also den Angehörigen der Offenbarungsreligionen, sollten nur in der Weise des liebenden Streits stattfinden. »Und streitet nicht mit den Leuten der Schrift anders als in der besten Weise ... und sprecht: ›Wir glauben an das, was zu uns und was zu euch herabgesandt ward. Und unser Gott und euer Gott ist ein Gott. Und ihm sind wir ergeben‹« (Sure 29, 46). Und in Sure 5, 48 heißt es: »Einem jeden von euch (Juden, Christen, Moslems) haben wir eine Norm und einen Weg bestimmt. Und hätte Gott es gewollt, er hätte euch zu einer einzigen Gemeinschaft gemacht. Aber er wollte euch auf die Probe stellen durch das, was er euch gegeben hat. Wetteifert daher miteinander in guten Werken! Zu Gott werdet ihr alle zurückkehren. Der wird euch dann Kunde geben, worüber ihr uneins seid.« Damit ist der Grundgedanke von Lessings Ringparabel vorweggenommen:

> »Es eifre jeder seiner unbestochnen,
> Von Vorurteilen freien Liebe nach!
> Es strebe von euch jeder um die Wette,
> Die Kraft des Steins in seinem Ring an Tag
> Zu legen! komme dieser Kraft mit Sanftmut,
> Mit herzlicher Verträglichkeit, mit Wohltun,
> Mit innigster Ergebenheit in Gott,
> Zu Hilf! Und wenn sich dann der Steine Kräfte
> Bei euern Kindes-Kindeskindern äußern:
> So lad ich über tausend Jahre
> Sie wiederum vor diesen Stuhl. Da wird
> Ein weisrer Mann auf diesem Stuhle sitzen
> Als ich und sprechen.«
>
> Nathan der Weise, 3. Aufz., 7. Auftr.

Sadr-ud-din sagt zu Sure 5, 48: »Die Menschheit teilte sich in verschiedene Gruppen und Gemeinschaften. Ihre Umstände, ihre Notwendigkeiten und der Stand ihrer Geistesverfassung waren verschieden. Alle riefen sie nach Gesetzen, die ihren Lebensbedingungen entsprachen und je nach der Stufe ihres geistigen Fortschritts eingerichtet waren. So entstanden die verschiedenen Religionsgesetze. Aber wirkliche Religion bleibt immer dieselbe. Ihre Wurzel ist das Gefühl der Abhängigkeit von Gott, in dessen Willen man sich gern und ganz schickt, und die Liebe zur Menschheit, der man das Möglichste an guten Diensten leisten will, und für die man, da sie ein Werk Gottes ist, tiefinnerste Neigung hegt« (Der Koran, S. 197). In der ökumenischen Grundhaltung des Korans liegt eine Korrektur des Missionsverständnisses, der sich die Christenheit auf die Dauer nicht entziehen darf. Die koranische Botschaft bedeutet: Aufforderung zum Bekenntnis, zum Dialog und zur Erweiterung des Offenbarungsverständnisses: Gott hat sich nicht nur in der Bibel den Menschen erschlossen.

Die religionsökumenische Einstellung Mohammeds hängt zweifelsohne damit zusammen, daß er sich ursprünglich nur für den an die Araber gesandten Propheten angesehen hat. Dieser

Gedanke schloß von vornherein die innere Einheit aller Offenbarungen in sich ein, wie wir gesehen haben. Von daher lag sein Versuch nahe, aus Juden und Moslems eine gemeinsame umma aufzubauen. Das Verhältnis zu den Juden trat in Medina zunächst in den Blick, schloß aber im Prinzip ein entsprechendes Verhältnis zu den Christen ein. Dieser Versuch scheiterte an der Ablehnung durch die Juden, der eine Ablehnung durch die Christen in der weiteren Entwicklung folgen sollte. »Und wenn man zu ihnen spricht: ›Glaubt an das, was Gott herabgesandt hat!‹, sprechen sie: ›Wir glauben an das, was auf uns herabgesandt worden ist.‹ An das Spätere glauben sie nicht, obwohl es die Wahrheit ist, bestätigend, was sie besitzen« (Sure 2, 91). Mohammed gab darüber seine prinzipielle ökumenische Einstellung nicht auf. Grundsatz blieb weiterhin für den Islam, daß den Leuten der Schrift in der islamischen umma religiöse Duldung und Autonomie zu gewähren sei. Die Ablehnung durch Juden und Christen sollte jedoch Mohammeds Sendungsbewußtsein weitertreiben. Der arabische Prophet wird sich seiner universalen Berufung bewußt. Der Islam wird gerade durch die fehlende Dialogbereitschaft von Juden und Christen zur Weltreligion. Nicht nur Gesandter für die Araber soll Mohammed sein, sondern der letzte und abschließende Prophet, das »Siegel der Propheten«, wie ihm in Sure 33, 40 offenbart wird.

Wenn Mohammed als der letzte Prophet bezeichnet wird, dann wird dem Koran damit der Charakter der abschließenden Offenbarung zugesprochen. Die Koranoffenbarung ist der letzte geschichtsbegründende und -beschleunigende »Richtungsstoß«, um mit Lessing zu reden, den Gott seiner Menschheit gab. Von diesem letzten Impuls her hat die Menschheit sich dann mehr und mehr selbständig, unter Gebrauch ihrer Vernunft autonom zu entwickeln. Der Koran ist zugleich das letzte antike und das erste moderne Buch. Im Zusammenhang damit ist an den mächtigen Geschichtsimpuls zu denken, den der auf dem Koran fußende Islam dem Abendland für die Bildung eines modernen Bewußtseins gegeben hat.

Mit der Vorstellung vom »Siegel der Propheten« hängt aufs engste die in Sure 61, 6 ausgesprochene Verheißung Jesu zusammen. Es heißt dort: »Und als Jesus, der Sohn der Maria, sprach: ›Ihr Kinder Israel, ich bin der Gesandte Gottes an euch, bestätigend die Thora, die vor mir war, und einen Gesandten verkündigend, der nach mir kommen wird, dessen Name wird Ahmed sein.‹« Um diese Aussage zu verstehen, muß man wissen, daß Ahmed die gleiche Bedeutung wie Mohammed hat: der Gelobte, der Gepriesene. Er ist also der von Jesus verheißene Ahmed. Ahmed aber wird mit der Verheißung eines Parakleten zusammengebracht, der, wie Jesus in den Abschiedsreden des Johannesevangeliums sagt, nach ihm kommen wird. Das griechische Wort Parakletos ist schwer zu übersetzen, wenn man genau den Sinn treffen will, den der johanneische Jesus mit seiner Verheißung gemeint hat. Übersetzungsmöglichkeiten sind Anwalt, Beistand, Tröster. Man übernimmt es am besten als Fremdwort und hält sich an den Sinn, der sich aus der Gesamtaussage im Evangelium ergibt. Der Paraklet ist der zweite Gesandte, der auf Jesus folgen und die Sendung Jesu vollenden wird. Johannes 14, 16 nimmt Jesus das Thema zum ersten Mal auf: »Und ich will den Vater bitten, und er soll euch einen andern Parakleten geben.« Johannes 16, 7. 13 heißt es gar: »Es ist gut für euch, daß ich fortgehe. Denn wenn ich nicht fortgehe, so kommt der Paraklet nicht zu euch; wenn ich aber gehe, werde ich ihn zu euch senden ... Wenn aber jener kommt..., wird er euch in die ganze Wahrheit leiten.« Nach islamischer Auffassung hat Jesus nicht vom Parakletos, sondern vom Periklytos gesprochen. Die beiden Worte waren nach der damaligen Aussprache einander sehr ähnlich. Periklytos bedeutet aber wie Ahmed und Mohammed der Gelobte, der Gepriesene. Nach Meinung der Moslems ist das Wort Parakletos eine Fälschung des ursprünglichen Jesuswortes.

Wesentlicher als solche Mutmaßungen dürfte für uns die Frage sein, ob die Christusgestalt des Neuen Testaments eines zweiten Gesandten bedarf, einer Nachoffenbarung sozusagen, die erst die ganze Wahrheit zum Ausdruck und zu geschichtlicher Mächtigkeit bringt. Das Johannesevangelium identifiziert den Parakleten mit dem Heiligen Geist. Doch ist das sicher nicht die Vorstellung, die im Urchristentum oder in Teilen des Urchristentums eine Rolle gespielt haben muß. Andernfalls könnte man es sich nicht erklären, daß im zweiten nachchristlichen Jahrhundert der Prophet Montanus, ein von der Großkirche verketzerter Reformator, sich als Paraklet und Träger des endzeitlich-prophetischen Geistes verstanden hat. Eine andere Parakletengestalt, die im Umkreis des Christentums auftrat und sich als Vollender der Sendung Christi verstand, war Mani (216–277), der Stifter der Weltreligion des Manichäismus. Es entspricht zudem orientalischem Denken, sich geisthafte Wirklichkeit zugleich personalistisch vorzustellen. So wird beispielsweise im Koran Gabriel auch »der Geist« genannt. Eine Deutung des Parakleten als ausstehende geschichtliche Person wird also durchaus die ältere Vorstellung ausgemacht haben, so daß der islamische Vorwurf der »Fälschung« immerhin in Richtung einer einseitigen Vergeistigung des Jesuswortes verstanden werden könnte.

Der Paraklet ist nach kirchlicher Auslegung der Heilige Geist, der christliche »Gemeingeist«, der zugleich der Geist Christi ist. Dieser Geist wird dem Geist der Welt schroff entgegengestellt. Unter dem Wehen des Heiligen Geistes wandern die Christen aus der Welt. Sie finden ihre neue Heimat in der Christengemeinde, der Kirche. Christengemeinde und Bürgergemeinde trennen sich wie zwei Reiche. Das Reich Gottes sollte aber in die Welt hineinkommen, die Welt verwandeln. Alfred Loisy hat einmal gesagt: »Jesus Christus predigte das Reich Gottes, und es kam die Kirche.« Damit ist ein Problem aufgezeigt, das offensichtlich damit noch nicht zu seiner endgültigen Lösung gekommen ist, daß es im Laufe von fast zweitausend Jahren Kirchengeschichte zur radikalen Verweltlichung der Welt geführt hat. Das Reich Gottes aber ist nicht Kirche und Welt, sondern Aufhebung von Welt und Kirche in das Reich.

Gegenüber Rückzug und Sammlung des Gottesgeistes in der christlichen Gemeinde, die eine ungeheure Konzentration darstellt, sagt Hegel in seiner »Philosophie der Geschichte« vor Eintritt in die Behandlung des Islam: »Der Geist Gottes lebt in der Gemeinde; er ist der innere treibende Geist; aber es ist in der Welt, daß der Geist realisiert werden soll, in einem Material, das ihm noch nicht gemäß ist ... Nach der religiösen Seite sehen wir oft den Übergang, daß ein Mensch sein ganzes Leben hindurch sich in der Wirklichkeit herumgeschlagen und zerhauen, mit aller Kraft des Charakters und der Leidenschaft in weltlichen Geschäften gerungen und genossen hat und dann auf einmal alles abwirft, um sich in die religiöse Einsamkeit zu begeben. Aber in der Welt wirft sich jenes Geschäft nicht ab, sondern es will vollbracht sein, und es findet sich zuletzt, daß der

Geist gerade in dem, was er zum Gegenstand seines Widerstandes machte, das Ende seines Kampfes und seiner Befriedigung findet, daß das weltliche Treiben ein geistiges Geschäft ist« (Hegel, Philosophie der Geschichte, S. 450). Das johanneische Jesuswort: »Mein Reich ist nicht von dieser Welt« (18, 36) kann kein letztes Wort sein. Unter dem Walten des christlichen Geistes kamen Kirche und Welt. Aber Kirche und Welt können beide nichts Letztes sein. Gefordert ist vielmehr die Erkenntnis, »daß das weltliche Treiben ein geistiges Geschäft ist«.

Der erste, der diese Einsicht mit geschichtlicher Wirksamkeit als Gegenstand einer letzten Offenbarung erfuhr, ist Mohammed gewesen mit seinem Auftrag, eine islamische umma aufzubauen. Diese stellt eine Gemeinschaft dar, die in ihrer ursprünglichen Gestalt durch und durch laizistisch ist (der Islam ist eine Laienreligion), also kein Kirchenstaat, dessen Gesetze und Lebensformen auf durchaus vernünftigen Anordnungen beruhen und der doch zugleich ganz und gar von der Hingabe an den einen Gott in aktualisierter Gottesnähe erfüllt ist. Mit der Gründung der islamischen umma, ursprünglich als ein Menschheitsbund aller Gottergebenen in allen Religionen vorgestellt, nimmt Mohammed die Predigt Jesu vom Reich Gottes nicht nur wieder auf, sondern setzt sie geschichtlich in eine Gemeinschaftsidee um, aus der zugleich die Impulse der Neuzeit hervorgehen werden. Der Mensch ist auf eine Vollendung der Geschichte angelegt, in der er sich als zugleich theonomes und autonomes Wesen verwirklicht. Mohammed war mit der vom Geist inspirierten Botschaft des Korans der erste, der den Entwicklungsstoß in diese Richtung gab.

Die Vorstellung einer Bestätigung, Berichtigung und Vollendung des Christentums tritt auch darin zutage, daß Jesus – nicht Mohammed – als der Vollender der Geschichte im Eschaton verstanden wird. Am Ende der Zeit wird Jesus wiederkommen und den universalen Islam, das Reich Gottes auf Erden, aufrichten.

Vom Abendland her sehen wir in Mohammed und der islamischen umma anfänglich das ausgedrückt, was dann in immer neuen geistig-politischen Stößen über die christliche Welt gekommen ist. Seit den Kreuzzügen, der damit gegebenen Berührung mit dem Islam und den radikalen Franziskanern bricht die Frage nach dem »dritten Reich des Geistes« auf, wie es der Zisterzienserabt Joachim von Fiore prophetisch verkündet hat. Lessing nimmt diesen Gedanken auf. Er läßt in seiner »Erziehung des Menschengeschlechts« auf das erste Reich des Vaters (Altes Testament) und das zweite Reich des Sohnes (Neues Testament) das dritte Reich des Geistes folgen, in dem sich die Geschichte der Menschheit erfüllt. Die Geschichtsideen von Fichte, Schelling, Hegel und Marx sind Ausfüllungen des von Lessing gesetzten Programms, das letztlich bis zu den radikalen Franziskanern und den Grundimpulsen des Korans zurückgeht. Der Koran ist das Urmodell und in diesem Sinne die letzte Offenbarung. Alle bahnbrechenden Personen und Bewegungen der Neuzeit tragen Züge des Parakleten in sich. »Die islamische Kunst«, so habe ich es in meinem Buch »Der größere Gott« in einem Bild zu sagen versucht, »bringt den Parakletengeist, den Mohammed empfing, dadurch unübertrefflich genau zum Ausdruck, daß sie den Strahlenschein, die Aura, mit der sie den Propheten umgibt, als eine goldene Flamme darstellt, die nach oben, doch zugleich leuchterhaft in die Weite, zurückstrahlt, während sie das Gesicht des Propheten leer läßt, als wollte sie dadurch – unbewußt – zum Ausdruck bringen, daß Mohammed nicht einer ist, sondern Urbild und Stelle für ein Geschehen, das noch unabgeschlossen durch viele Gesichter, Personen, Bewegungen hindurchgeht, ehe der Paraklet selbst zurücktritt und die Geschichte zu ihrem Ziel und ihrer ewigen Überhöhung als Gestaltenfülle der Ewigkeit gekommen ist. Dann, wenn auch Christus zurücktritt vor dem Einen, wie der Apostel Paulus sagt, und Gott alles in allen sein wird (1. Korinther 15, 24–28)« (S. 139). Dann werden wir im universalen Islam sein.

Zu Beginn dieses Jahrhunderts ist es zu einer Wiederentdeckung der ursprünglichen Predigt Jesu vom Reich Gottes in der modernen Theologie gekommen (J. Weiß, A. Schweitzer). Damit zugleich erwachte das Interesse für den historischen Jesus im bewußten Unterschied zur kerygmatischen Christusgestalt. Im ältesten Urchristentum und im daraus hervorgehenden Judenchristentum wurde Jesus niemals als Gott im eigentlichen und wesenhaften Sinne bezeichnet. Ja es dürfte sicher sein, daß der historische Jesus eine Vergottung seiner Person niemals geduldet hätte. »Was nennest du mich gut«, sagt Jesus im Markusevangelium (10, 18), »niemand ist gut als Gott allein.« Jesus war der ganz freie und zugleich Gott ganz hingegebene und darin der in die Zeit eingetretene urbildliche Mensch. Die ganze freie Hingabe, die Jesus lebte, hat Mohammed »Islam« genannt. Das Bild von Jesus als dem Menschen Gottes, das judenchristlich auch in diesem Sinne »Sohn Gottes« genannt werden konnte, hat mit einer Vergottung Jesu nichts zu tun. Wenn der Koran davon spricht, daß er die Bibel bestätige und richtigstelle, und islamische Lehre von »Fälschungen« in den Büchern der Leute der Schrift spricht, dann müßte man für diesen Zusammenhang zumindest einräumen, daß das Bild Jesu und seiner Botschaft durch das heidenchristliche Kerygma der Großevangelien »überzeichnet« worden ist. Letzteres mag sein eigenes Recht haben, aber es stand dem historischen Jesus nicht mit Notwendigkeit das Schicksal vorgezeichnet, daß sein ursprüngliches Bild unter einer marcinischen, matthäischen, lukanischen, johanneischen Christologie verdeckt werden sollte. In gewissem Sinne treten wir mit den Jesuslegenden des Korans tiefer in die Urgemeinde zurück. Die apokryphe Überlieferung, die im Koran sich neu zu Wort meldet, enthält bedeutsame (judenchristliche und judenchristlich-gnostische) Offenbarungsgedanken, die die sich bildende heidenchristliche Großkirche ausgestoßen hat. In den Koran fließen also Überlieferungsströme wieder ein, die durch die Kanonisierung von Altem und Neuem Testament eingeschränkt oder ausgeschlossen worden sind. Wenn man das auch nicht eine »Fälschung« der Überlieferung nennen will, so stellt es doch eine erhebliche Umbiegung und Vereinseitigung der Überlieferung dar, die, so gesehen, der Koran richtigstellt und, durch Nachoffenbarung, wieder vervollständigt. Es ist eine Tatsache, daß die jesuanische und urchristliche Überlieferung nicht ungebrochen in das Neue Testament übergegangen ist. Der Koran ist die Ergänzung zum Neuen Testament. Er weist auf den »inneren Kanon« hin, den eschatologischen Menschen des Geistes und das Wort Gottes in Person – Jesus.

Es ist das jüdische Element der christlichen Botschaft, das der Koran entschieden zur Geltung bringt. Die geleugneten Judenchristen treten im Koran neu hervor. Adolf Schlatter schreibt dazu in seiner »Geschichte der ersten Christenheit«: »Der Jude war für den Christen nur noch ein Feind, und die griechische Stimmung, die über das Morden der Generale Trajans und Hadrians als über das wohlverdiente Schicksal der boshaften und verächtlichen Juden hinwegsah, ging auch in die Kirche hinüber. Auch ihre führenden Männer, die in Cäsarea lebten, wie Origenes und Eusebius, blieben über das Ende Jerusalems und seiner Kirche (der judenchristlichen Kirche) erstaunlich unwissend. Ebenso sind ihre Nachrichten über die fortbestehende jüdische Christenheit dürftig. Sie waren, weil sie sich dem in der übrigen Christenheit geltenden Gesetz nicht unterwarfen, Häretiker und deshalb von ihr geschieden. Keiner von den Führern der Reichskirche ahnte, daß dieser von ihnen verachteten Christenheit noch einmal ein Tag kommen werde, an dem sie die Welt erschüttern und einen großen Teil des von ihnen aufgebauten Kirchentums zertrümmern werde; er kam damals, als Mohammed den von den jüdischen Christen bewahrten Besitz, ihr Gottesbewußtsein, ihre den Gerichtstag verkündende Eschatologie, ihre Sitte und ihre Legende, übernahm und als ›der von Gott Gesandte‹ ein neues Apostolat aufrichtete« (S. 368).

Für das Urchristentum – selbst das Johannesevangelium – konnte das Verhältnis Jesu zu Gott niemals das einer Wesenstrinität sein. Die moderne Theologie kehrt sich von dieser Vorstellung auch mehr und mehr ab, da Gott in seinem Ansichsein unerkennbar ist, und spricht statt dessen von einer Offenbarungstrinität. Diese besagt nichts anderes, als daß in dem Menschen Jesus Gottes wahres Verhältnis zum Menschen sich ereigne – Jesus ereignet Gott – und daß der Geist Gottes jene Erkenntnis und Kraft in uns sei, die uns Gott als den in Jesus an uns Handelnden erkennen lasse und uns in den Stand setzt, die darin erfahrene Liebe Gottes in das eigene Tun aufzunehmen. Der Koran ist voll von Ansätzen für eine Offenbarungstrinität. Jesus ist das Wort Gottes und der Geist Gottes in Person, er ereignet Wort und Geist Gottes als der eschatologische Mensch. Der Koran ist von der Stimme des Geistes durchtönt, die uns erreichen und »die Brust öffnen« will für die freie Hingabe an Gott.

Für den Islam spielt – darauf sei abschließend noch eingegangen – die Vorstellung von Mohammed als dem zweiten Mose eine zentrale Rolle, die sich mit der vom Siegel der Propheten und des von Jesus verheißenen Parakleten berührt. In 5. Mose 18, 15 heißt es: »Einen Propheten wie mich wird der

Herr, dein Gott, dir erwecken aus der Mitte deiner Brüder; auf den sollt ihr hören.« Der Islam bezieht dieses Wort des Mose, das dieser an Israel gerichtet hat, darum auf Mohammed, weil der erwartete Prophet »aus der Mitte deiner Brüder« stammen soll. Der Bruder (im weiteren Sinne) Israels aber sei Ismael, der Stammvater der Araber. Aus der Mitte der Araber soll demnach »*der* Prophet« stammen, der wie Mose sein wird.

Bereits das Urchristentum hat den Versuch gemacht, die Verheißung des »zweiten Mose«, »*des* Propheten«, auf Jesus zu beziehen. Die Rede vom Neuen Bund weist am deutlichsten darauf hin. Der Islam macht nun geltend, daß Jesus nicht wie Mose und Mohammed einen Volks-Bund, ein zugleich politisches Gemeinwesen gestiftet hat. Wir müßten an dieser Stelle alles wiederholen, was wir oben über die heilsgeschichtliche Bedeutung der islamischen umma gesagt haben. Es bricht aber an dieser Stelle ein Geheimnis auf. Die Verheißungsgestalt des zweiten Mose begegnet uns wieder in den Gottesknechtliedern des zweiten Jesaja (in den Kapiteln 42, 1–9; 49, 1–6; 50, 4–11; 52, 13–53, 12). Der Gottesknecht wird hier einmal als der bezeichnet, der den »Volks-Bund«, den »Menschheits-Bund« (Jesaja 42, 6) stiften wird, zum andern als der leidende Gottesknecht, besonders in Jesaja 53. Die erste Formung dieser Gestalt hat im Koran, die andere in den synoptischen Evangelien, die ja »Passionsgeschichten mit ausführlicher Einleitung« (M. Kähler) sind, ihren Ausdruck gefunden. Beide Gestalten gehören wohl zusammen, und es hat, scheint es, einen tiefen Sinn, wenn Mohammed, sozusagen, Jesus vom Kreuz holen möchte und das Bild des Gekreuzigten dennoch der Menschheit tief eingeschrieben bleibt. Aus dem Nacheinander wird so ein Miteinander, das Miteinander eines Brüderpaars aus gemeinsamem Urbild – *Mose* –:

Jesus und *Mohammed*.

Literaturnachweis

Andrae, T., Mohammed, Sein Leben und sein Glaube, Hildesheim 1977.
Baar, M., Das Abendland am Scheideweg, Asslar 1979.
Beltz, W., Die Mythen des Koran, Der Schlüssel zum Islam, Düsseldorf 1980.
Bin Gorion, M. J., Die Sagen der Juden, Frankfurt/M. 1962.
Dermenghem, E., Mohammed in Selbstzeugnissen und Bilddokumenten, Hamburg 1960.
Eliade, M., Das Heilige und das Profane, Vom Wesen des Religiösen, Hamburg 1957.
Faris, N. A., in: R. Paret (Hrsg.), Der Koran, s. d.
Franz, M. L. v., in: C. G. Jung u. a., Der Mensch und seine Symbole, s. d.
Franz, M. L. v., s. Jung, E./Franz, M. L. v.
Gätje, H., Koran und Koranexegese, Zürich 1971.
Glidden, H. W., in: R. Paret (Hrsg.), Der Koran, s. d.
Hegel, G. W. F., Vorlesungen über die Philosophie der Geschichte, Leipzig (Reclam) o. J.
Hennecke, E./Schneemelcher, W., Neutestamentliche Apokryphen in deutscher Übersetzung, I. Band, Evangelien, Tübingen 1959.
Ishaq, Ibn, Das Leben des Propheten, Aus dem Arabischen übertragen und bearbeitet von Gernot Rotter, Tübingen 1976.
Jacobi, J., Die Psychologie von C. G. Jung, Olten 1971.
Jaffé, A., in: C. G. Jung u. a., Der Mensch und seine Symbole, s. d.
Jung, C. G., Gesammelte Werke (GW) 9/1, 11, 12, Olten 1978, 1973, 1980.
Jung, C. G., u. a., Der Mensch und seine Symbole, Olten 1979 (Sonderausgabe).
Jung, E./Franz, M. L. v., Die Graalslegende in psychologischer Sicht, Olten 1980.
Käsemann, E., Jesu letzter Wille nach Johannes 17, Tübingen 1971.
Kamphoevener, E. S. v., Islamische Christuslegenden, Zürich 1963.
Kellerhals, E., Der Islam, Seine Geschichte, seine Lehre, sein Wesen, Gütersloh 1978.
Klamroth, M., Koran (Übersetzung), Hamburg 1890.
Der Koran, Übersetzung von R. Paret, Stuttgart 1966.
Der Koran, Kommentar und Konkordanz von R. Paret, Stuttgart 1971.
Der Koran, aus dem Arabischen übertragen von M. Henning, Stuttgart 1974.
Der Koran, Arabisch-Deutsch, Übersetzung, Einleitung und Erklärung von Maulana Sadr-ud-din, Berlin 1964.
Michaelis, W., Die Apokryphen Schriften zum Neuen Testament, Bremen 1956.
Neumann, E., Die große Mutter, Eine Phänomenologie der weiblichen Gestaltungen des Unbewußten, Olten 1978.
Nöldecke, Th./Schwally, F., Geschichte des Qorans, Hildesheim 1970.
Paret, R., Mohammed und der Koran, Stuttgart 1972.
Paret, R. (Hrsg.), Der Koran (Wege der Forschung Band CCCXXVI), Darmstadt 1975.
Paret, R., s. Der Koran.

Rizzitano, U., Mohammed, Gütersloh o. J.
Sadr-ud-din, M., s. Der Koran.
Schlatter, A., Die Geschichte der ersten Christenheit, Darmstadt 1971.
Schlunk, M., Die Weltreligionen und das Christentum, Gütersloh 1932.
Schmidt, W., Der Ursprung der Gottesidee, Band I, Münster 1912.
Scholem, G., Von der mystischen Gestalt der Gottheit, Studien zu Grundbegriffen der Kabbala, Frankfurt/M. 1977.
Schwally, F., s. Nöldecke, Th./Schwally, F.
Schwarzenau, P., Vom Totempfahl zum Kruzifix. Vergessene Voraussetzungen unseres Weltverständnisses, Dortmund 1976.
Schwarzenau, P., Der größere Gott. Christentum und Weltreligionen, Stuttgart 1977 (unter dem Titel »Christentum und Weltreligionen« als Heyne-Taschenbuch, München 1980).
Schneemelcher, W., s. Hennecke, E./Schneemelcher, W.
Sepher Jesirah, Das Buch der Schöpfung, hrsg. und übersetzt von Lazarus Goldschmidt, Darmstadt 1969.
Speyer, H., Die biblischen Erzählungen im Qoran, Hildesheim 1961.
Wellhausen, J., Reste arabischen Heidentums, Berlin 1927.
Widengren, G., Iranische Geisteswelt, Baden-Baden 1961.
Wolff, H., Jesus der Mann. Die Gestalt Jesu in tiefenpsychologischer Sicht, Stuttgart 1975.

Einige Begriffe und Namen

Ali, Vetter, Adoptiv- und Schwiegersohn Mohammeds, heiratete dessen Tochter Fatima, galt als äußerst tapferer Kämpfer für den Islam. Er weigerte sich zunächst, Abu Bakr als Kalifen anzuerkennen, und wurde schließlich als vierter Kalif gewählt. Ali wurde 661 in Kufa ermordet. Die Schiiten erkennen nur ihn und seine Nachkommen als rechtmäßige Nachfolger des Propheten an.

Arabische Sprache. Arabisch, der semitischen Sprachfamilie zugehörig, ist die Sprache des Korans und der Aussprüche (Hadithe) des Propheten. Es wird von etwa 120 Millionen Menschen gesprochen und ist zugleich die kultische Sprache der nichtarabischen Moslems. Seine Rolle als universale Sprache im mittelalterlichen Islam läßt sich mit der des Latein vergleichen.

Beschneidung. Vorislamischer Brauch, der vom Islam übernommen wurde, obgleich es keine Vorschrift des Korans oder des Propheten dafür gibt. Die Beschneidung findet ein bis zwei Wochen nach der Geburt, im siebten Lebensjahr (so bei den Türken) oder nach Beginn der Geschlechtsreife statt. Die Beschneidung ist mit dem Übertritt zum Islam verbunden.

Derwischorden. Derwische (sprachlich noch ungeklärte Bezeichnung: persisch = Bettler, arabisch fakir = Armer?) bilden eine islamische sufische Bruderschaft und leben in der Regel unter einem Scheich in Klöstern. Daneben bestehen bettelnde Wandermönche. Kennzeichen der Derwische sind der geflickte Mantel, Gürtel und Stab sowie die gemeinsamen Andachtsübungen mit Tanz und Gesang. Die »tanzenden Derwische« (Mewlewije) bewegen sich im mystischen Tanz nach Art des Gestirnumlaufs.

Ehe. Das islamische Eherecht schränkt die Polygamie auf höchstens vier Frauen ein, außerdem wurde die Frau materiell besser gestellt. Die Ehe kommt durch einen Kontrakt zustande, dabei ist der Frau ein Kaufpreis zu zahlen. Die Mehrehe ist nicht die Regel. Im Irak und in Tunesien ist die Polygamie mit Hinweis auf Sure 4,3 des Korans verboten, weil die dort geforderte Gleichbehandlung aller Frauen nur dem Propheten möglich sei.

Fatima. Tochter Mohammeds und seiner ersten Frau Chadidscha. Aus ihrer Ehe mit Ali, dem Vetter Mohammeds, entstammen Hasan und Husain, der zweite und dritte Nachfolger (Imam) Mohammeds nach schiitischer Auffassung. Sie wird von den Schiiten als »Fleischwerdung von allem Göttlichen in der weiblichen Natur« verehrt. Die Sunniten sehen in ihr die Königin der Frauen des Paradieses, neben Maria, der Mutter Jesu.

Gebet. Das rituelle Gebet (salat) ist fünfmal täglich zu verrichten, und zwar bei Sonnenaufgang, mittags, nachmittags, bei Sonnenuntergang und nachts. Es setzt rituelle Waschung, Reinheit von Körper, Kleidung und Gebetsort und die Gebetsrichtung nach Mekka voraus. Es kann überall durchgeführt werden, nicht nur in der Moschee. Es ist an bestimmte Körperhaltungen, Verbeugungen und Texte gebunden. Vom rituellen Gebet ist das freie Gebet (dua) zu unterscheiden.

Grün als Farbe des Propheten. Grün gilt im Islam als die Farbe Mohammeds, der Propheten überhaupt und der Nachkommen des Propheten. Die Reste der heiligen schwarzen Fahne (Türvorhang von Mohammeds Frau Aischa, in der Schlacht von Badr 624 erstmals gezeigt) wurden auf drei grüne Seidenfahnen genäht und so zur grünen Fahne des Propheten. Grün symbolisiert zugleich den göttlichen Geist und die Natur. Der Islam weiß sich mit beiden in Übereinstimmung.

Halbmond und Stern. Die wachsende Mondsichel mit dem glückverheißenden Stern Jupiter ist ein ursprünglich türkisches Symbol. Es ist erst verhältnismäßig spät zu einem Zeichen für den Islam geworden. Das eigentliche Sinnbild des Islams ist das in arabischer Schrift in einen Kreis geschriebene Glaubensbekenntnis: »Es ist kein Gott außer Gott, und Mohammed ist der Gesandte Gottes.«

Heiliger Krieg. Das diesem Begriff zugrundeliegende arabische Wort Dschihad bedeutet Anstrengung, Bemühung, es enthält also weder den Wortbestandteil »heilig« noch den von »Krieg«. Die »Bemühung um den Islam« ist der Kampf des Glaubens gegen den Unglauben, der in abgestufter Weise stattzufinden hat, je nach dem unterschiedlichen Abstand der Andersgläubigen zum Islam. So dürfen Juden und Christen im Unterschied zu den Heiden nicht gezwungen werden, den Islam anzunehmen. Betont wird vom Islam der defensive Charakter des Dschihad.

Hidschra. Auswanderung des Propheten Mohammed von Mekka nach Medina 622 nach Christus (Beginn der islamischen Zeitrechnung).

Jerusalem als heilige Stadt. Jerusalem (arabisch al-Kuds) gehört neben Mekka und Medina zu den drei wichtigsten Heiligtümern des Islams. Der heilige Felsen, 688 mit dem Felsendom überbaut, gilt als Mitte der Welt, Felsen des Paradieses, Stätte der Erschaffung Adams und Evas, des Abrahamopfers und des jüdischen Tempels. Von Jerusalem fuhr Mohammed in der Nachtfahrt zum Himmel auf (Sure 17).

Kaaba (= Würfel). Zentralheiligtum des Islams, ein eher rechteckiges Gebäude im Hof der Moschee von Mekka. In der Ostecke ist der schwarze Stein, das eigentliche Heiligtum, eingemauert. Mohammed reinigte die vorislamische Kaaba vom Götzendienst und bestimmte sie zum Ziel der Wallfahrt und der Gebetsrichtung.

Kalif (= Nachfolger, Stellvertreter). Oberhaupt der islamischen Gemeinde als Nachfolger oder Stellvertreter des Propheten Mohammed. Der vollständige Titel »Nachfolger des Gesandten Gottes« wurde später in »Nachfolger Gottes« geändert. In seiner Eigenschaft als Herrscher hieß er »Befehlshaber der Gläubigen«, in seiner Eigenschaft als Leiter des öffentlichen Gottesdienstes (ursprünglich in Medina) Imam (= Vorbild, Führer, Vorbeter). Die Kalifen traten nicht in die Nachfolge des Prophetenamtes ein, da Mohammed als letzter Prophet gilt. Die ersten vier Kalifen – Abu Bakr (632–634), Omar (634–644), Othman (644–656) und Ali (656–661) – gelten als die »rechtgeleiteten Kalifen«. Das Kalifenamt bestand bis 1924.

Mahdi (= von Gott Geleiteter). Der erwartete Erlöser der Endzeit, der das goldene Zeitalter wiederbringen wird. Nach diesem Zwischenreich, das dem tausendjährigen Reich der christlichen Erwartung entspricht, wird der Antichrist (Daddschal) erscheinen, den der wiederkommende Jesus vernichtet. Damit sind die Ereignisse, die zu Weltende und Weltgericht führen, eingeleitet. Gelegentlich wird Jesus mit dem Mahdi gleichgesetzt.

Medina (= die Stadt). Ursprünglicher Name Yathrib, wurde aufgrund der Hidschra zur »Stadt des Propheten« (madinat an-nabi). Die Gemeindeordnung von Medina führte zur Gründung einer ersten islamischen Gemeinschaft (umma), die zugleich eine politische und religiöse Einheit darstellt. Medina enthält die Grabesmoschee Mohammeds.

Mekka. Bedeutender Handelsplatz, Wallfahrtsort der arabischen Stämme in vorislamischer Zeit mit der Kaaba als Heiligtum und Geburtsort Mohammeds, wurde vom Propheten nach Einnahme der Stadt (630 nach Chr.) und Reinigung der Kaaba vom Götzendienst zum religiösen Mittelpunkt des Islams erklärt.

Moschee (von arabisch masdschid = der Ort, an dem man zum Gebet niederfällt). Islamische Gebetsstätte, insbesondere die Freitagsmoschee (Dschami), in der sich die Gläubigen zum Freitagsgebet und zur Freitagspredigt versammeln. Zur Moschee gehören der Mihrab, die leere Nische in der Wand, die die Gebetsrichtung (Kibla) nach Mekka bezeichnet, und der Minbar, die Kanzel. Vom Minarett, einem Turm, läßt der Muezzin'den Gebetsruf erschallen. Zur Moschee gehört in der Regel noch eine Anlage für die rituellen Waschungen. Im Innern befinden sich wegen des Bilderverbots keinerlei Bilder oder Kultgegenstände, wohl aber Teppiche und Leuchter.

Mulla. Islamischer Schriftgelehrter im Iran.

Ramadan. Neunter Monat des islamischen Mondjahres (die Monate haben abwechselnd 30 und 29 Tage und können daher im Laufe der Jahre in jede Jahreszeit fallen). Im Ramadan ist jeder erwachsene Moslem zum Fasten verpflichtet: völlige Enthaltung von Speise, Trank und Geschlechtsverkehr von Sonnenaufgang bis nach Sonnenuntergang. Religiöse Übungen und Geselligkeit, auch Belustigungen finden je nach Brauchtum des Nachts statt.

Schiiten. Anhänger der Schia (= Partei, nämlich der schiat Ali, Partei Alis), erkennen nur Ali, den Vetter Mohammeds, und dessen Nachkommen als rechtmäßige Nachfolger (Imam, nicht Kalif!) Mohammeds an. Zum allgemeinislamischen Glauben tritt der Glaube an den Imam als den rechten Führer der Gläubigen. Mohammed hat nach schiitischer Lehre Ali in die esoterischen

Glaubensgeheimnisse eingeweiht. Von Alis und Fatimas beiden Söhnen, Hasan und Husain (2. und 3. Imam), starb letzterer 680 in der Schlacht bei Kerbela. Des Todes der ersten drei Imame, insbesondere Husains, wird in ergreifenden Trauerfeiern gedacht. Die Schia teilt sich in viele Untergruppen. Auf den Imam, den man jeweils als den letzten des Alidengeschlechts ansah (5., 7. oder 12. Imam, daher Fünfer-, Siebener- und Zwölfer-Schia), wurde die Parusievorstellung übertragen. Man geht davon aus, daß der letzte Imam nicht gestorben sei, sondern als Verborgener Imam weiterlebe und am Ende der Tage als Mahdi wiederkehre. Die Zwölfer-Schia ist seit 1501 Staatsreligion in Iran. Der Imam wird als Träger einer göttlichen Lichtsubstanz vorgestellt. Die Siebener-Schia (Ismailiten) vertreten zum Teil neuplatonische und gnostische Ideen der Entwicklung des Menschen aus dem göttlichen Wesen.

Sufismus (von arabisch suf = Wolle, dem wollenen Gewand der Asketen). Islamische Mystik, die durch das Motiv der reinen Gottesliebe und der Einheit mit Gott bestimmt ist. Ständiges Gedenken Gottes, Musik und Tanz wurden im Laufe der Entwicklung genau geregelt. Berühmte Mystiker sind Halladsch, Ghazzali und Dschallaladdin Rumi. Halladsch wurde wegen seines Ausspruchs »Ich bin die Wirklichkeit« 922 hingerichtet. Ghazzalis theologisches Werk gilt als Gipfel der islamischen Mystik (um 1100), Rumis Verse bilden den Höhepunkt der mystischen Dichtung (13. Jahrhundert). Eine weite Verbreitung erlangte die Mystik durch Orden, die sich vom 12. Jahrhundert an bildeten (Derwische).

Sunniten. Anhänger der Sunna (= Gewohnheit, nämlich Mohammeds), die mit dem Koran die Richtschnur für das Leben der Moslems bildet. 90 Prozent aller Moslems gehören zur Sunna. Sie nennen sich im Gegensatz zu den Schiiten »die Leute der Sunna und der Gemeinschaft«.

Sure. Koranabschnitt, insgesamt 114 Suren von unterschiedlicher Länge.

Verbreitung des Islams. Die Zahl der Moslems wird heute auf 700 Millionen geschätzt, davon sind 90 Prozent Sunniten, 6 Prozent Schiiten und 4 Prozent Sekten. Der Islam ist am verbreitetsten in Asien und Afrika, insbesondere in den arabischen Ländern, in der Türkei, im Iran, in Afghanistan, Pakistan, Kasachstan (Sowjetunion) und Indonesien. Aber auch in Europa und Amerika leben Moslems. Die Zahl der Gastarbeiter aus islamischen Ländern in der Bundesrepublik beträgt etwa 1,7 Millionen.

Vielweiberei, s. Ehe.

Wallfahrt. Jeder erwachsene Moslem ist verpflichtet, wenigstens einmal in seinem Leben die Wallfahrt nach Mekka (haddsch) durchzuführen, sofern er dazu in der Lage ist. Die Wallfahrt findet im letzten Mondmonat statt. Die Pilger übernehmen den Weihezustand (nicht rasieren, kämmen, Haare oder Nägel schneiden, kein Geschlechtsverkehr) und tragen zwei ungenähte Tücher. Zu den Riten gehören der Aufenthalt auf dem Hügel Arafat, das Umkreisen der Kaaba, Berühren und Küssen des heiligen Steins und der siebenmalige Lauf zwischen den Hügeln Safa und Marwa.

Begriffs- und Namensverzeichnis

Aaron 83
Abd-Al-Muttalib 45
Abendmahlsüberlieferung . 23
Abraham 15, 19f, 32f,
                          49, 79, 82,
                          86ff, 89, 103
Abu Talib 46
Ad 14, 79, 84
Adam 18, 27, 31f,
                          49, 103, 105
Aditen 79
Ahmed 120
Aischa 56
Al-Lat 33, 76
Al-Uzza 33, 76
Alexander der Große 20
Allah 8, 33ff, 48
Amina 45
Anima 71
Animus 71
Antichrist 112
Araber 36, 78, 126
Arabien 32, 50
Arafat 31
Archetyp 25, 39, 40f,
                          98
Archetypik 97
Archetypus 20, 28
Archetyp des Selbst 28, 41
Auferstehung 63ff, 66, 69,
                          79
Bahira 46
Basra 46
Baum 98
Berg Sinai 83
Berufungserlebnis 16
Bibel 81, 86
Bild Gottes (Gottesbild) . 39f
Chadidscha 47, 51, 53f
Christen 47
Christentum 9
Christus 8, 41, 93,
                          121
Dhulkarnain 20, 22
Dschinn 50
Eliade, Mircea 35f
Endgericht 79
Eva 31
Evangelium 103

Flucht nach Ägypten 97
Gabriel, Engel 31f, 52f, 56,
                          58, 96, 121
Gebetsrichtung 19
Geburtsgeschichten 97
Gericht 68
Gerichtsgedanke 61
Gerichtsverhandlung
 (Endgericht) 69
Gesandter Gottes 125
Gesandter 75, 80, 89,
                          93
Die Gesandten 73-90
Gnosis 48, 71
Gnostisch 78
Gnostiker 109
Goethe 71
Gomorrha 79f
Göttinnen Mekkas 76
Gottes Geist 93, 103
Gottesknecht 126
Gottes Wort 93
Grosse Mutter 100f
Hagar 32
Haggada .... 86, 88'
Hanif 19, 49, 86,
                          88f
Hegel 121
Heiliger Geist 121
Hidschra 79
Hira 51
Höhle 20
Hölle 66f, 69
Hubal 33
Hud 15, 79f
Huri 71
Iblis 18
Imran (Sippe Imrans) 103
Isaak 89
Ischa, Jesus 22, 23*, 33,
                          46, 48, 91-
                          112, 119,
                          122, 124ff
Islam 9, 19, 28, 34,
                          119, 122ff
Ismael 19, 32, 87f
Israel, Israelitisch,
 Israeliten* 34, 79*,
                          84f*f*, 107*
Jahwe 34
Jesus siehe Ischa
Jesuskind 97
Jesusüberlieferung 22

133

Jethro......................81
Johannes 94, 104
Johannes der Täufer 94
Joseph (Sohn Jakobs)......83
Joseph (Mann Marias).....96
Jüdische Mystik............40
Juden.....................47, 115, 119
Judentum..................9, 48
Jüngster Tag...............79
Jüngstes Gericht 108
Jung, C. G.................20f, 25, 28, 37ff, 101
Kaaba 8, 19, 31ff, 36f, 42, 47, 51, 87f
Kahin.....................50f, 53
Kalb 85
Kalif 18
Kind-Archetyp............100ff, 106
Knecht...................103
Knecht Gottes............102f
Korah....................86
Koran....................7ff, 11-28, 40, 52f, 100, 110f, 124
Koranische Botschaft 118
Koranoffenbarung 55
Kreuz (Jesu)..............110, 112
Kreuzigung...............108,f, 111
Kuraisch..................32f
Kuraischiten..............45, 51, 58, 76, 78, 115
Lailat al-Kadr 52
Lessing's Ringparabel......118
Leute der Schrift 119
Logos, Logos Gottes*......90, 104*
Lot......................15, 79ff, 87
Luther...................101
Mahdi 112
Mana 37
Manat 33
Mani.....................121
Maria....................22, 28, 93ff, 96f, 99f, 101, 108
Medina 115
Mekka 31, 33, 39, 41, 45, 48, 51, 58, 78f
Messias..................105, 108
Midianiter...............82
Mirjam 103

Mohammed 8f, 19, 26ff, 33, 35f, 39, 41, 46f, 50, 53ff, 77ff, 85, 87f, 89, 115, 118, 122, 124ff
Mose 15, 21, 27, 33, 79, 81, 84ff, 126
Moseüberlieferung........82ff
Mose und Jesus 56
Montanus 120
Moslem..................20, 41, 115, 119
Nachfolger
(Der Mensch als Nachfolger Gottes) 18
Nachtreise................56f
Nasr 14
Naturgesetz 66
Nimrod..................86
Noah 13ff, 32, 79, 84, 103
Offenbarung..............55f, 57, 119, 122f
Offenbarungstrinität 125
Omar 55
Paradies 23, 66ff, 69ff
Parakletos 120f
Parusie = Wiederkunft* ...108, 111*
Pharao..................27, 83f
Polytheist, Polytheismus*..35, 88*
Prophet..................24, 43-58, 93, 113-126
Protevangelium 104
Ramadan 51f
Reich des Geistes 123
Richter
(Gott als Richter).......59-72
Salih 15, 79f
Schöpfer.................59-72
Schöpfergott 61, 75
Schöpfung...............28, 63, 66f
Schöpfungsmythos........64f
Schuaib..................15, 79, 81f
Selbst...................37ff, 40f
Selbstwerdung 37
Siebenschläfer............21
Siebenschläferlegende 20
Siegel der Propheten......119f, 125
Sinai 85
Sodom..................79f
Sohn, Sohn der Maria*....108, 119*

Statthalter
  (der Mensch als
  Statthalter Gottes)....... 18
Stein (Heiliger)............. 29-42
Stein der Weisen 38
Stein, Schwarzer 32f
Straflegenden 79, 82
Suwa....................... 14
Syrien...................... 46
Teilhaberschaft
  (anderer Gottheiten
  an Gott).................. 77
Thamud, Thamudäer* 14, 79, 80*,
                            84
Thora, Thoratreue* 86, 107,
                            107*
Trinität 112
Tubba 14
Umma
  (Gemeinschaft,
  Gemeinde) 77, 119, 122
Ungebildeter Prophet...... 85
Urbuch 89f
Urgott 34f
Urmensch 49
Urmonotheismus 36, 49
Uroffenbarung 89
Urreligion 36
Urschrift.................... 89f
Wadd...................... 14
Wallfahrt 32
Waraka..................... 48, 53
Warner 78
Weltgericht................. 75
Westöstlicher Diwan....... 71
Yaghuth 14
Ya'uq 14
Zemzem.................... 32
Zacharias.................. 94, 104

Koranstellenverzeichnis

Sure 1
o.V. .... S. 15
Sure 2
V. 2-5 .... S. 16
V. 30ff .... S. 18
V. 40-74 .... S. 86
V. 67-73 .... S. 00
V. 87 .... S. 93
V. 91 .... S. 119
V. 124 .... S. 88
V. 124ff .... S. 19
V. 124-141 .... S. 87
V. 136 .... S. 93
V. 142 .... S. 20
V. 253 .... S. 93
V. 255 .... S. 24
V. 256 .... S. 117
V. 258 .... S. 87
V. 260 .... S. 87
Sure 3
V. 7 .... S. 89
V. 33 .... S. 87
V. 33ff .... S. 103
V. 33-57 .... S. 93
V. 35 .... S. 103
V. 38-41 .... S. 104
V. 45 .... S. 104
V. 47-49 .... S. 105
V. 50 .... S. 107
V. 52 .... S. 107
V. 54f .... S. 107
V. 59 .... S. 93, 104
V. 65-68 .... S. 87, 88
V. 84 .... S. 93
V. 95-97 .... S. 87
Sure 4
V. 96 .... S. 55
V. 116 .... S. 77
V. 125 .... S. 87
V. 156-159 .... S. 93
V. 157-159 .... S. 107f
V. 163 .... S. 93
V. 171f .... S. 93
Sure 5
V. 12f .... S. 86
V. 17 .... S. 109
V. 17f .... S. 93
V. 22-24 .... S. 85
V. 46f .... S. 93
V. 48 .... S. 117f
V. 72ff .... S. 93
V. 72-77 .... S. 93
V. 75 .... S. 93
V. 78 .... S. 93
V. 110-120 .... S. 93
112 ff .... S. 23
Sure 6
V. 74ff .... S. 19
V. 74-84 .... S. 87
V. 85 .... S. 93
V. 161 .... S. 87
Sure 7
V. 59-64 .... S. 79
V. 65-72 .... S. 80
V. 73-79 .... S. 80
V. 80-84 .... S. 81
V. 85-93 .... S. 82
V. 88f .... S. 82
V. 91 .... S. 82
V. 103-171 .... S. 86
V. 138-140 .... S. 86
V. 143 .... S. 85
V. 154-157 .... S. 85
V. 158 .... S. 28
V. 161f .... S. 85
V. 163-166 .... S. 85
V. 172 .... S. 27
Sure 9
V. 30-33 .... S. 93
V. 114 .... S. 87
Sure 10
V. 3 .... S. 65f
V. 19 .... S. 77
V. 71-73 .... S. 79
V. 75-93 .... S. 86
V. 87 .... S. 84
V. 90-92 .... S. 84
Sure 11
V. 7 .... S. 66
V. 25-49 .... S. 79
V. 50-60 .... S. 80
V. 61 .... S. 27
V. 61-68 .... S. 80
V. 69 .... S. 27
V. 69-76 .... S. 87
V. 77-83 .... S. 81
V. 73 .... S. 88
V. 84-95 .... S. 82
V. 87 .... S. 82
V. 91 .... S. 82
V. 94 .... S. 82
V. 96-99 .... S. 86
V. 97 .... S. 27
o.V. .... S. 15
Sure 12
V. 106 .... S. 35

Sure 13
V. 13.................S. 26
V. 15.................S. 28
V. 39.................S. 89
Sure 14
V. 4..................S. 75
V. 5..................S. 83
V. 5-8................S. 86
V. 35-41..............S. 87
o.V...................S. 4
Sure 15
V. 51-60..............S. 87
V. 57-77..............S. 81
V. 73f................S. 81
V. 78f................S. 82
V. 80-84..............S. 80
Sure 16
V. 48-50..............S. 28
V. 120-123............S. 87f
Sure 17
V. 1..................S. 56
V. 15f................S. 75
V. 58.................S. 79
V. 59.................S. 80
V. 69.................S. 35
V. 101-104............S. 86
Sure 18
o.V...................S. 20
Sure 19
V. 2-40...............S. 93
V. 17b-22.............S. 95
V. 23-26..............S. 96
V. 27-33..............S. 99f
V. 28.................S. 103
V. 38-41..............S. 104
V. 41-50..............S. 87
o.V...................S. 93f
o.V...................S. 102ff
o.V...................S. 22
Sure 20
V. 9-98...............S. 86
V. 11-15..............S. 83
V. 37ff...............83
V. 71.................83
Sure 21
V. 25.................S. 75
V. 30-33..............S. 64f
V. 51ff...............19
V. 51-73..............87
V. 74f................S. 81
V. 76f................S. 79
V. 89-94..............S. 93
Sure 22
V 5-7.................S. 63f
V. 26-29..............S. 87

V. 38-40..............S. 117
V. 78.................S. 87
Sure 23
V. 23-30..............S. 79
V. 31-41..............S. 80
V. 44.................S. 82
V. 45-49..............S. 86
V. 50.................S. 93, 111
o.V...................S. 14
Sure 24
V. 35.................S. 18
Sure 25
V. 37.................S. 79
V. 40.................S. 81
Sure 26
V. 10-68..............S. 86
V. 69-89..............S. 87
V. 105-122............S. 79
V. 123-140............S. 80
V. 141-159............S. 80
V. 160ff..............S. 80
V. 160-175............S. 81
V. 176-191............S. 82
o.V...................S. 14
Sure 27
V. 7-14...............S. 86
V. 45-53..............S. 80
V. 54-58..............S. 81
V. 69.................S. 82
V. 91.................S. 87
Sure 28
V. 3-48...............S. 86
V. 38.................S. 84
V. 41.................S. 84
V. 63.................S. 77
V. 76-84..............S. 86
Sure 29
V. 3f.................S. 87
V. 14f................S. 79
V. 16-27..............S. 87
V. 28-35..............S. 81
V. 29.................S. 80
V. 36f................S. 82
V. 46.................S. 117
V. 61.................S. 36
V. 61ff...............S 35
V. 63.................S. 36
V. 65.................S. 35f
Sure 31
V. 24.................S. 35
V. 31.................S. 35
Sure 32
V. 3..................S. 78
V. 26.................S. 82

Sure 33
V. 7f .... S. 93
V. 40 .... S. 119
Sure 35
V. 24 .... S. 75
V. 42 .... S. 49, 78
Sure 37
V. 75-82 .... S. 79
V. 83-113 .... S. 87
V. 99-111 .... S. 89
V. 112f .... S. 89
V. 133-138 .... S. 81
o.V. .... S. 14
Sure 38
V. 12 .... S. 84
Sure 39
V. 39 .... S. 35
Sure 40
V. 21 .... S. 82
V. 23-46 .... S. 86
V. 30f .... S. 84
Sure 41
V. 9-12 .... S. 65
V. 12 .... S. 79f
V. 13 .... S. 80
V. 13-16 .... S. 80
V. 17f .... S. 80
Sure 42
V. 13 .... S. 93
V. 51f .... S. 43
Sure 43
V. 4 .... S. 89
V. 26-28 .... S. 87
V. 46-56 .... S. 86
V. 57-65 .... S. 93
V. 59 .... S. 111
V. 61 .... S. 111
V. 63 .... S. 107
Sure 44
V. 17-33 .... S. 86
V. 38f .... S. 66
Sure 46
V. 21-26 .... S. 80
Sure 47
V. 10 .... S. 82
V. 14 .... S. 79
Sure 50
V. 14 .... S. 82
V. 15 .... S. 66
V. 16 .... S. 66
V. 38 .... S. 66
o.V. .... S. 14
Sure 51
V. 24-37 .... S. 87
V. 31-37 .... S. 81

V. 38-40 .... S. 86
V. 41f .... S. 80
V. 43-45 .... S. 80
Sure 52
V. 4 .... S. 87
V. 29 .... S. 51
Sure 53
V. 1-18 .... S. 57
V. 5-10 .... S. 53
V. 19f .... S. 33, 76
V. 19-25 .... S. 76f
Sure 54
V. 9-16 .... S. 79
V. 18-21 .... S. 80
V. 23-31 .... S. 80
V. 33-39 .... S. 81
o.V. .... S. 14
Sure 55
V. 7-9 .... S. 62f
Sure 57
V. 27 .... S. 93
Sure 60
V. 4-6 .... S. 87
Sure 61
V. 6 .... S. 93, 119
V. 14 .... S. 93
Sure 67
V. 25 .... S. 78
Sure 69
V. 4f .... S. 80
V. 4-8 .... S. 80
V. 42 .... S. 51
Sure 71
V. 1-28 .... S. 79
o.V. .... S. 14
Sure 74
V. 1 .... S. 58
Sure 75
V. 16-18 .... S. 55
Sure 78
o.V. .... S. 66ff
Sure 79
V. 15-26 .... S. 86
Sure 80
V. 24-32 .... S. 63
Sure 81
V. 1-14 .... S. 61
Sure 86
V. 5-10 .... S. 63
Sure 87
V. 8 .... S. 56
V. 19 .... S. 19, 87
Sure 89
V. 6-8 .... S. 80
V. 9 .... S. 80

V. 10............................S. 84
V. 19............................S. 62
Sure 91
V. 11-15........................S. 80
Sure 93
V. 1-3..........................S. 54
V. 6-8..........................S. 54
V. 11............................S. 54
Sure 94
o.V..............................S. 17
Sure 96
V. 1-8..........................S. 52f
o.V..............................S. 16
Sure 97
o.V..............................S. 17
o.V..............................S. 52
Sure 101
V. 10f..........................S. 17
o.V..............................S. 61
Sure 102
o.V..............................S. 62
Sure 104
o.V..............................S. 62
Sure 106
V. 3............................S. 87
Sure 107
o.V..............................S. 62
Sure 113
o.V..............................S. 16
Sure 114
o.V..............................S. 16

Korankonkordanz

Aaron 6, 84, 20, 29-36, 90-94

Abraham ....
- erfüllt Gottes Gebote ... 2, 124
- und die Kaaba 2, 125-127; 3, 96, 97
- Religion A. 2, 130, 135
- weder Jude noch Christ. 3, 67
- noch Heide 3, 95
- weist die Verehrung der Gestirne zurück 6, 75-79
- Auseinandersetzung mit dem Vater über Götzendienst 6, 74; 19, 41-50
- und seinem Volk über Götzen 21, 51-71, 26, 70-82; 29, 16-18, 24-25; 37, 83-98
- über die Wiederbelebung der Toten 2, 260
- predigt seinem Volk 6, 80-83
- betet für den Vater 9, 113-114; 26, 86
- Opfer des Sohnes 37, 99-111
- Engel künden die Geburt des Sohnes an ... 11, 69-73; 15, 51-56; 51, 24-30
- Fürbitte für die Angehörigen Lūts 11, 74-76
- sein Gebet 14, 35-41; 26, 83-87
- als Vorbild 16, 120-123
- im Feuer bewahrt 21, 69
- Buch Abr. 53, 37; 87, 19
- als Beispiel für den Umgang mit den Ungläubigen 60, 4-6

Ad 7, 65-72; 11, 50-60; 25, 38; 26, 123-140; 29, 38; 41, 15-16; 46, 21-26; 51, 41-42; 54, 18-21; 69, 4-8; 89, 6-14

Adam ....
- Erschaffung 2, 30-34
- Fall 2, 35-39;, 7, 19-25
- die Söhne Kain und Abel 5, 30-34
- von Satan versucht 20, 120-121

Ahmad 61, 6

Angesicht Gottes 2, 272; 6, 52; 13, 22; 18, 28; 28, 88; 30, 39; 55, 27

Auferstehung 16, 38-40; 17, 49-52; 19, 66-72; 22, 5; 46, 33-34, 50, 3, 20-29, 41-44; 75, 1-15; 79, 10-12; 86, 5-8

Buch, in d.d. Taten aufgezeichnet sind 18, 49; 36, 12; 54, 52-53

Buch der Offenbarung .....
- als sichere Rechtleitung. 2, 2
- das gelesen werden soll . 2, 121
- eindeutige und mehrdeutige Verse 3, 7
- Quran, Licht und Leitung 5, 16-18
- Leute der Schrift 3, 64-80, 98-99, 113-115, 187, 199; 4, 47, 153-161
- Ermahnung 5, 62-63, 71
- ihre Heuchelei 5, 64-66
- Glaubende Juden, Sabier, Christen 5, 69
- die Schrift kennen und nicht glauben 6, 20
- die Urschrift bei Gott ... 3, 7; 13, 39
- in einer gesegneten Nacht herabgesandt 44, 3-4
- von Gott 46, 2

Christen 2, 138-140; 5, 15
- den Gläubigen in d. Liebe am nächsten 5, 82-83

Christus s. Jesus

David.....................6, 84; 21, 78-80;, 34, 10-11; 38, 17-26
— und Goliath 2, 251
Ehebruch..................17, 32; 24, 2-3; 4-10
Elias......................6, 85; 37, 123-132
Elisa......................6, 86; 38, 48
Engel
— Einspruch gegen Gott ..2, 30-34
— Gabriel und Michael....2, 97-98
— nur zur Verk. d. Wahrheit gesandt 15, 7-8
— zur Warnung gesandtt ..16, 2
— die Gottlosen u. die Engel....................25, 21-22
— am Tag des Gerichts 25, 25
— Boten mit Flügel 35, 1
— beten um Vergebung für alle......................42, 5
— Ungläubige geben ihnen weibliche Namen........53, 27
— u.d. Geist steigen zu Gott empor..............70, 4
— Hüter, die Buch führen .82, 10-12
— die d. Taten der Menschen aufzeichnen 50, 17-18
Erde
— wird in eine andere eingetauscht 14, 48
— für Gottes Geschöpfe bereitet 15, 19-20; 26, 7; 77, 25-28
— d. Erde ist weit 29, 56
— dem Menschen untertan 67, 15
— Beben der Erde a. Gerichtstag.............99, 1-6
Fasten 2, 184-185, 187
Frauen....................2, 222-223; 4, 15, 19-22, 34, 127
— aus einem Wesen geschaffen...............4, 1
— falsche Anklagen........24, 4-5, 11-20, 23-26
— sich züchtig aufführen ..24, 30-31
— gläubige Flüchtlinge 60, 10-12

Gebet.....................1, 1-7; 2, 238-239; 3, 8, 26-27, 147, 191-194; 4, 43; 5, 7; 11, 114; 17, 78-81; 23, 118; 50, 39-40; 52, 48-49; 73, 1-8, 20
— verrichtet das Gebet 2, 110
— auf Reisen oder in Gefahr das Gebet abkürzen 4, 101-104
— nicht für die Heiden beten 9, 113-114
— gelten Gott alleine 13, 14-15
— die 5 vorgeschriebenen .11, 144; 17, 78-79; 20, 130; 30, 17-18
Geist und Engel............70, 4; 78, 38; 97, 4
— Jesus mit ihm gestärkt ..2, 87, 253
— dem Menschen eingeblasen 15, 29
— ist von meinem Herrn...17, 85
— die Gläubigen mit ihm gestärkt.................18, 22
Gericht (zukünftiges) 6, 51, 128; 34, 3-5; 40, 59;, 51, 5-6, 12-14; 52, 7-10; 56, 1-7; 64, 7-10; 95, 7
— wird plötzlich hereinbrechen..................7, 187; 36, 48-50
— ist wie ein Augenblick ..16, 77; 54, 50
— nur Gott weiß die Stunde........................33, 63; 67, 26; 79, 42-46
— steht bevor 54, 1-5
— Menschen zerfallen in drei Gruppen 56, 7-56
— die Allerersten sind die, die in die Nähe Gottes gelassen werden.......56, 11-26
— die an der rechten Seite .56, 27-40
— die von der linken........56, 41-56
— alle werden dem Gericht zugeführt 75, 22-30
— der gewaltige Bericht ...78, 1-5
— die das Gericht leugnen.107, 1-7

Tag des Gerichts
- voller Lohn............... 3, 185
- Schrift, i.d. Taten aufgezeichnet. Abrechnung .. 18, 47-49
- wogen durcheinander, Trompete w. geblasen, die Ungläubigen werden die Hölle sehen 18, 99-101
- Gruppen untereinander uneins, Warnung vor Tag des Bedauerns...... 19-37-39
- für Ungläubige schwere Strafe.................... 20, 100-101
- Trompete, Zeitraum zwischen Tod u. Gericht scheint kurz............. 20, 102-104
- sie folgen d. Rufer, mit gesenkter Stimme....... 20, 108
- keine Fürsprache, es sei, Gott gibt Erlaubnis 20, 109
- der Gläubige muß sich nicht fürchten........... 20, 112
- wer sich abwendet, wird dann blind zu Gott kommen..................... 20, 124-127
- gerechte Waagen........ 21, 47
- die Androhung erfüllt sich, Seufzen der Ungläubigen, Gläubige nicht traurig............. 21, 97-103
- der Himmel wie eine Urkunde aufgerollt, neue Schöpfung......... 21, 104
- gewaltiges Beben, Strafe Gottes ist schwer........ 22, 1-2
- Trompete, schwere bzw. leichte Waagschalen 23, 101-104
- Worte des Richters 23, 105-111
- auf der Erde nur kurze Zeit gelebt............... 23, 112-115
- falscher Gottesdienst offenbar 25, 17-19
- Himmel spalten sich, Engel herabgesandt, uneingeschränkte Herrschaft Gottes............ 25, 25-26
- Übeltäter bereuen 25, 27-30
- Übeltäter müssen Gericht fürchten, die anderen nicht 27, 83-90
- die Übeltäter verzweifelt, keine Fürsprecher.. 30, 12-13
- jedem wird gerecht vergolten.................... 36, 51-54
- Freude u. Heil d. Guten. 36, 55-58

- Tag der Scheidung zwischen Gläubigen und Ungläubigen 30, 14-16; 37, 20-21
- Frevler und ihre Frauen werden versammelt 37, 22-23
- die lügenhafte Götter verehren u. die Gottes Willen ergeben sind..... 37, 88-102
- Anmaßung der Sünder . 37, 33-36
- Strafe für Sünde......... 37, 37-39
- Glückseligkeit der Frommen................ 37, 40-61
- der Zaqqum-Baum 37, 62-68
- Sünder auf den Spuren ihrer Väter 37, 69-74
- erste, zweite Posaune, alle fallen bewußtlos nieder, neue Erde, Buch d. Taten, Abrechnung... 39, 67-70
- Gehör, Gesicht u. Haut legen Zeugnis über Erdenleben ab 41, 18-20
- Stunde kommt plötzlich, Freunde werden zu Feinden, ausgenommen die Gottesfürchtigen 43, 66-67
- die haben Schaden, die Nichtiges vertreten, die Gerechten finden Barmherzigkeit............... 45, 27-35
- Feuer für die, die die Botschaft für Lüge erklären 52, 7-16
- vom Donnerschlag getroffen 52, 45-47
- zu etwas Gräßlichem gerufen 54, 6-8
- die Sünder erkennt man an ihren Zeichen........ 55, 34-44
- Tag der Übervorteilung. 64, 9-10
- da die Sache brenzlig wird 68, 42-43
- Trompete, Katastrophe des Gerichts, Engel tragen Thron, Abrechnung Vergeltung 69, 13-37
- Himmel wie flüssiges Metall, niemand fragt nach seinem Freund, Hölle loderndes Feuer.. 70, 8-18
- die Ungläubigen kommen aus den Grüften hervor 70, 43-44

— ob das Angedrohte
  schon nahe ist 72, 24-25
— Kinder werden zu Grei-
  sen, der Himmel spaltet
  sich 73, 17-18
— Trompete, ein schwerer
  Tag für die Ungläubigen 74, 8-10
— Sterne erlöschen, für d.
  Gesandten wird Termin
  festgelegt, Tag der Entscheidung 77, 7-15
— das Los der Ungläubig-
  en 77, 29-50
— Tag der Entscheidung,
  Himmel öffnet sich,
  Berge bewegen sich 78, 17-20
— Geist u. Engel vor Gott,
  er sagt, was richtig ist ... 78, 38-40
— Tag des Bebens 79, 6-9
— ein einziger Schrei 79, 13-14
— ohrenbetäubender
  Lärm, einer flieht vor
  dem anderen, strah-
  lende Gesichter, andere
  mit Staub bedeckt 80, 33-42
— Sonne verdunkelt, Berge
  in Bewegung, Seelen zu
  ihren Leibern gesellt, d.
  Himmer weggezogen,
  Höllenbrand angefacht,
  Paradies nahe 81, 1-14
— Himmel gespalten,
  Sterne ausgestreut, Gräber
  ausgeräumt, jeder
  erfährt seine Taten 82, 1-5
— keiner kann für den
  anderen etwas bewirken. 82, 17-19
— Himmel gespalten, die
  Erde eingeebnet, d.
  Mensch strebt s. Herrn
  zu, Abrechnung der
  Taten 84, 1-15
— auf Herz u. Nieren
  geprüft 86, 9-10
— umfassende Katastro-
  phe, gesenkte u. fröhli-
  che Gesichter 88, 1-16
— Erde zu Staub, der Herr
  kommt, Hölle und Para-
  dies werden herbeige-
  bracht 89, 21-30
— Erde erbebt, Menschen
  getrennt, um ihre Werke
  zu sehen 99, 1-8
— Wenn Inhalt der Gräber
  aufgewühlt, d. Herr über
  sie wohl unterrichtet 100, 9-11
— Katastrophe, Menschen
  wie Motten, Berge wie
  zerzauste Wolle,
  schwere Waagschalen;
  zufriedenes Leben ...... 101, 1 ff

Gläubige
— fürchten Gott 3, 102
— nichts sonst 10, 62
— halten zusammen 3, 103
— das Rechte gebieten, d.
  Unrechte verbieten 3, 104, 110
— vor Übel bewahrt 3, 111; 5,
  108
— von Engeln beschützt ... 41, 30-31
— vor den Ungläubigen
  gewarnt 3, 118-120,
  196; 9, 23-
  24; 60, 13
— ihr Leben geheiligt 4, 92-93
— die sich einsetzen und
  kämpfen 4, 95; 9, 20-
  21, 88-89
— wie Schwache behandelt 4, 97-100
— die nicht sitzen, wo die
  Zeichen Gottes verleug-
  net u. verspottet werden. 4, 140;, 6, 68
— Gläubige als Freunde
  bevorzugen 4, 144
— Vergebung und Lohn
  verheißen 5, 9
— Rangstufen 8, 4
— Beschreibung der Gl. ... 8, 2-4;, 9, 71,
  111-112; 10,
  104-106; 13,
  20-24; 28,
  29; 23, 1-11,
  57-61; 28,
  53-55; 32,
  15-17; 42,
  36-39; 49, 7,
  15
— standhaft sein 8, 45
— gehorchen 8, 46
— im Kampfwillen nicht
  unerschlossen 47, 35
— Freundschaft zwischen
  ihren Herzen 8, 63
— siegen gegen eine Über-
  macht 8, 65-66
— auswandern u.f. Gott
  kämpfen 8, 72, 74-75

— d. Gläubigen Asyl
  gewähren 8, 72
— kein Dispens von Ver-
  pflichtung u. eig. Person
  Krieg zu führen 9, 43-45
— helfen einander 9, 71
— Kampf, töten, getötet
  werden. Lohn: Paradies. 9, 111; 61,
                            10-11
— mit denen, die d. Wahr-
  heit sagen 9, 119
— Unterweisung in der
  Lehre 9, 122
— von Gott gefestigt 14, 27
— Gebet verrichten, Spen-
  den geben 14, 31
— das Beste reden 17, 53-55
— Erben des Paradieses ... 23, 10-11
— Lohn der Gläubigen 29, 55-57
— Lohn der Gläubigen 24, 61-63;
                            29, 55-57
— Gott wird ihre schlech-
  ten Taten tilgen 29, 7; 47, 2
— gehorchen Gott und d.
  Gesandten 33, 69-71;
                            48, 29
— Gebet der Engel für
  Gläubige 40, 7-9
— nicht verzweifeln, nicht
  prahlen 57, 23
— Frieden stiften 49, 9
— nicht mutmaßen, nicht
  spionieren 49, 12
— vor den Mahnungen
  Gottes s. demütigen 57, 16
— Wahrhaftige u. Zeugen.. 57, 19
— empfangen Barmherzig-
  keit, Licht und Verge-
  bung 57, 28
— tun, was sie sagen 61, 2-3
— Helfer Gottes 61, 14
— vertrauen Gott 64, 13
— verfolgt, aber d. Para-
  dies verheißen 85, 6-11
Gleichnisse
— ein Mann, der ein Feuer
  anzündet 2, 17-18
— Gewitterregen 2, 19-20
— wie Vieh anschreiben ... 2, 171
— eine Stadt in Ruinen 2, 259
— Saatkorn mit 7 Ähren... 2, 261
— Felsen vom Platzregen
  getroffen 2, 264
— Garten erblüht nach
  Regen 2, 265-266
— am Seil festhalten 3, 103
— eisiger Wind a. Saatfeld. 3, 117
— Hund, dem d. Zunge
  heraushängt 7,176

— Bau am Rand einer
  brüchigen Steilwand 9,109-110
— Regen, Pflanzen,
  gedeihen, Sturm 10,24
— Blinde und Taube 11,24
— Paradies ein Garten 13,35
— Asche ein Sturm
  weggeblasen 14,18
— guter Baum, fest ver-
  wurzelt, der jederzeit
  Früchte trägt 14,24-25
— ein schlechter Baum 14,26
— Sklave und Freier 16,75
— ein Stummer u. einer,
  der befiehlt 16,76
— eine Frau, die ihr Ge-
  webtes wieder auflöst... 16,92
— eine Stadt in Sicherheit
  u. Ruhe aber undankbar.16,112-113
— zwei Gartenbesitzer,
  einer hochmütig 18,32-44
— Regen vom Himmel, die
  Erde trinkt, die später
  verdorrt 18,45-46
— Abfall vom ein Gott,
  wie ein Vogel, der im
  Sturz vom Wind wegge-
  weht wird 22,31
— Götter können keine
  Fliege erschaffen 22, 73
— Licht am Himmel, Licht,
  eine Nische 24, 35-36
— Luftspiegelungen 24, 39
— Finsternis im abgrund-
  tiefen Meer 24, 40
— eine Spinne, die sich ein
  Haus schafft 29, 41
— Sklaven dem Freien
  nicht gleichgestellt 30, 28
— Leute der Stadt 36, 13-32
— ein Sklave mit einem
  oder mehreren Herren.. 39, 29
— das verheißene Para-
  dies: Garten mit vier
  Bächen 47, 15
— wachsende Saat 48, 29
— Regen, Pflanzen gedei-
  hen, vertrocknen 57, 20
— Berg sinkt vor Ehrfurcht
  zusammen 59, 21
— ein Esel, der Bücher
  trägt 62, 5
— wenn das Wasser versik-
  kert 67, 30
— Besitzer des Gartens 68, 17-33
Gott, der Herr 1, 2; 6, 164
— der Schöpfer 2, 21-22
— liegt auf der Lauer 89, 14

- als Schutzherr 2, 257; 3, 150; 22, 78
- bestimmt Hüteengel 6, 61
- als Helfer 4, 45; 60, 51; 110, 1-3
- ist Zuflucht vor Unheil .. 113, 1-5; 114, 1-6
- d. alles geschaffen hat ... 2, 29, 117; 6, 73
- schafft und erhält alles .. 7, 54; 11, 6-7; 13, 16-17; 21, 30-33
- Schöpfer der Natur 25, 61-62
- ihm gehört die Erde 3,180,15,23,-19,40
- gibt allen Unterhalt 29, 60-62; 51, 58
- Gnädiger Herr 3, 174
- allen gnädig 4, 26; 5, 77; 6, 12, 54, 133; 17, 20-21
- der Edelmütige 96, 3
- der Barmherzige 9, 117-118; 19, 96
- liebreich 85, 14; 19, 96
- gütig 5, 28
- vergibt 4, 25, 26; 5, 77; 15, 49; 16, 119; 39, 53; 85, 14
- leitet recht 6, 71, 88; 92, 12
- setzt Maß und Ziel 87, 3
- ruft zur Wohnstätte d. Friedens 10, 25
- der Garten Gottes, Früchte 6, 141
- Vieh 6, 142
- Barmherzigkeit nach Ungemach 10, 21
- Reisen über Land und See 19, 22
- im Leben und Tod 10, 31, 56; 22
- der versorgt und erhält . 10, 32
- Ermahnung, Heilung, Rechtleitung 10, 57
- himmlische u. irdische Gaben an d. Menschen . 14, 32-33
- zahllose Gaben 14, 34; 16, 18
- Vieh und Dinge, die ihr nicht kennt 16, 5-8
- Regen, Korn, Früchte ... 16, 10-11
- Nacht u. Tag, Sonne, Mond, Gaben an Himmel und Erde 16, 12-13
- Meer, Schiffe 16, 14; 17, 66
- Berge, Flüsse, Wege 16, 15-16
- Vieh und Früchte 16, 66-67
- Bienen 16, 68-69
- unterschiedlich beschenkt, dankbar sein. 16, 71-73
- hat euch Leib, Gehör, Augenlicht und Gefühle gegeben 16, 77-78
- Häuser als Ruhestätte Nutzung des Viehs 16, 80-81
- alles auf Erden und d. Meer euch dienstbar gemacht 25, 65
- Gaben des Himmels u.d. Erde 23, 17-22
- lange Reihe der Propheten 23, 23
- gibt Gehör, Gesicht, Verstand — Ausbreitung des Menschen 23, 78-79
- gibt Schatten und Sonne 25, 45-46
- Nacht und Tag, Schlaf .. 25, 47
- Wind und Regen 25, 48-50
- Süß- und Salzwasser 25, 53
- Erschaffung des Menschen, Verwandte 25, 54
- Erschaffung v. Himmel u. Erde z. Besten des Menschen 27, 60-61
- erhört in Not, setzt Menschen als Nachfolger Gottes ein 27, 63
- leitet in Finsternis, schickt Winde als gute Boten 27, 62
- vollzieht Schöpfung, wiederholt sie, erhält den Menschen 27, 64
- unterhält die Schöpfung. 29, 60-62
- sendet Regen, belebt die Erde wieder 29, 63
- erschafft Himmel u. Erde und was sie hervorbringen 31, 10
- stellt alles in euren Dienst 31, 20; 36, 71-73; 45, 12-13

145

- Gottes Barmherzigkeit kann keiner zurückhalten............................35, 2-3
- zur Nahrung: Früchte u. Quellen...................36, 33-35
- Himmel u. Erde..........41, 10-12; 51, 47-48
- nimmt Buße an und vergibt........................42, 25
- erhört und gibt überreichen Lohn................42, 26-28
- Himmel und Erde, Regen u. neues Leben 43, 9-11
- Schöpfung in Paaren, Schiffe, Vieh 43, 12-13; 51, 49
- den Menschen geschaffen u.z. reden gelehrt....55, 3-4
- die Waage aufgestellt ...55, 7-9
- die Erde bereitgestellt; und Früchte, Korn u. Pflanzen..................55, 10-12
- die beiden Meere 55, 19-20
- Perlen und Korallen 55, 22
- Schiffe.....................55, 24
- sorgt sich um die Bedürfnisse aller Kreatur 55, 29
- kümmert sich um ihre Angelegenheiten.........55, 31
- um Quellwasser..........67, 30
- hob das Himmelsgewölbe empor, gestaltete es 79, 27-28
- die Nacht, die Dunkelheit, das Morgenlicht ...79, 29
- breitete die Erde aus, gab Wasser, Weide, Berge, festen Stand 79, 30-33
- Schutz der Waisen 93, 6
- leitet den Wanderer.....93, 7
- hilft dem Bedürftigen ...93, 8
- weitet deine Brust.......94, 1
- nimmt deine Last ab 94, 2
- erhöht dein Ansehen....94, 4
- Gott, allgegenwärtig 2, 115; 7, 7
- gab euch d. Leben.......2, 28; 6, 122
- gibt Leben u. Tod 3, 156; 6, 95; 15, 23
- beruft die Menschen ab.39, 42
- ihm werden alle Angelegenheiten z. Entscheidung gebracht............3, 109, 128; 96, 8

- bei ihm endet alles 42, 53; 53, 42
- Gott ist einzig 2, 163; 6, 19; 16, 22; 23, 91-92; 37, 1-5; 38, 65-68; 112, 1-4
- einer, nicht einer in einer Dreiheit 5, 75
- nicht einer von zwei.....16, 51
- kein Sohn 2, 116; 6, 100; 10, 68; 19, 35; 23, 91
- keine Gefährtin, keine Töchter...................6, 100-101; 16, 57; 37, 149-157; 43, 16-19
- keine Teilhaber 6, 22-24; 136-137, 163
- ist weise 4, 26; 6, 13
- guter Sachwalter 3, 173; 73, 9
- erhaben und groß 4, 34; 87, 1
- hat über s. Diener Gewalt....................6, 18, 61
- tut, was er will...........85, 16
- hat zu allem Macht......2, 284; 3, 29; 6, 12-13, 65; 10, 55; 16, 77-81; 53, 42-54; 85, 12-16
- auf einander angewiesen 6, 133
- erstattet Lohn 35, 30; 64, 7
- mild u. bereit z. vergeben 2, 225, 235, 263; 3, 155; 5, 104; 22, 59; 64, 17
- der weiseste Richter 95, 8
- gerechte Waagen........21, 47
- niemals ungerecht......4, 40
- Gott schmiedet Ränke..3, 54; 13, 42
- scheidet das Schlechte vom Guten 3, 179
- sein Zorn................1, 7; 7, 97-99
- schnell im Bestrafen, aber barmherzig und bereit zu vergeben 7, 167; 13, 6
- schnell im Abrechnen...24, 39

— kann am besten entscheiden 10, 109
— niemand so barmherzig wie Gott 23, 109, 118
— aller Barmherzigste 7, 151; 12, 64, 92; 21, 83
— hat über alles zu entscheiden 42, 10
— der Mächtigste u. Weise. 31, 9; 39, 1
— auf niemanden angewiesen 31, 26; 35, 15
— des Lobes würdig 31, 26
— umfassend vergebend ... 53, 32
— der Lebendige 2, 255; 40, 65
— Ewige, Beständige 2, 255; 20, 111
— der gut anordnet 27, 88
— erhaben und ehrwürdig . 55, 27
— kein Gott außer ihm 28, 88
— Gott weiß alles 2, 284; 3, 5, 29; 6, 3, 117; 13, 8-10; 16, 23; 21, 4; 31, 34; 34, 2; 64, 4
— seine Herrschaft 3, 189; 4, 126; 5, 123; 67, 1
— die Entscheidung steht ihm zu 6, 57; 13, 41
— Herr des gewaltigen Thrones 9, 129; 23, 86; 40, 15; 85, 15
— besitzt d. Geheimnisse von Himmel und Erde .. 16, 77
— besitzt Macht u. Fertigkeit 51, 58
— Herr des Ostens u. d. Westens 55, 17; 70, 40; 73, 9
— Herr der Morgendämmerung 113, 1
— z. d. d. Himmelsleiter führt 70, 3
— im Himmel u. auf Erden. 43, 84
— ihm gehört d. Jenseits u. Diesseits 92, 13
— erhört Gebete 2, 186

— sendet Ruhe u. Sicherheit 3, 154; 9, 26; 48, 4, 18, 26
— Gott läutert 3, 141, 154
— versucht d. Menschen ... 3, 142, 154, 166; 6, 53; 29, 2-5; 67, 2
— sieht alles 3, 163
— sich an Gott genügen lassen 3, 173; 8, 64; 39, 36; 65, 3
— gewährt Erleichterung .. 4, 28
— erklärt für rein 4, 49
— Gott ist dankbar 4, 147
— d. schlechten Taten tilgen, die guten vergelten. 29, 7; 46, 16
— behebt die Not 6, 17
— errettet aus Not 6, 63, 64
— sendet Offenbarung 6, 91
— ordnet alles 6, 95-99
— gibt d. Menschen Licht . 6, 122
— läßt s. Licht strahlen 9, 32-33; 61, 8
— ist d. Licht von Himmel u. Erde 24, 35-36
— nimmt s. Gnade nicht zurück 8, 53; 13, 11
— kann nicht irreführen ... 9, 115
— Gott bringt nicht um Lohn 9, 120-121, 11, 115
— d. um G. willen dulden werden belohnt 16, 41-42
— schreibt überreichlich gut 24, 38
— ihm entgeht nichts 10, 61
— ist über alles wohl unterrichtet 67, 14
— Gottes Natur 2, 255; 3, 2-3, 6, 18; 6, 95-103; 25, 2-3, 6; 32, 2-9; 40, 2-3; 43, 84-85; 57, 1-6; 59, 22-24; 132, 1-4; 114, 1-3
— den Menschen nahe 2, 186; 34, 50; 50, 16; 56, 85
— alle Menschen in s. Gewalt 17, 60
— ist mit euch, was ihr auch seit 57, 4

147

- der wirkliche Herr 6, 62; 31, 30
- die Wahrheit 20, 114
- d. Mächte Himmels u.d. Erden zu s. Verfügung .. 48, 7
- s. Worte sind nicht abzuändern 6, 34; 18, 27
- s. Wort erfüllt sich 6, 115
- d. Sehkraft d. Menschen erreicht ihn nicht 6, 103
- s. schönsten Namen 7, 180; 17, 110; 20, 8; 59, 24
- sein Name verehrt 2, 114, 152
- ihm dienen und vertrauen 11, 123
- ihm steht Verehrung zu . 29, 3, 11; 40, 14
- wir vertrauen ihm 67, 29
- sein Versprechen ist Wahrheit 4, 122; 14, 47
- s. Angesicht suchen 6, 52; 18, 28
- mein Leben Gott weihen 6, 162
- z. ihm in Demut u.i. Verborgenen beten 7, 55-56
- Gott nicht vergessen 59, 14
- s. Verlangen auf d. Herrn richten 94, 8
- die ganze Schöpfung redet von ihm 13, 12-13; 17, 44; 24, 41-46; 57, 1
- Lob sei Gott 1, 1; 17, 111; 30, 17-19; 34, 1; 37, 180-182; 45, 36-37; 55, 78; 56, 74, 96; 59, 1; 61, 1; 62, 1; 64, 1; 87, 1
- Gott setzt Zeichen 10, 3-6; 13, 2-4
- seine Entscheidung trifft ein 16, 1
- sein Befehl ist ein einziger Akt 54, 50
- alles Gute kommt von ihm 16, 53
- befiehlt gut zu handeln .. 16, 90-91
- was mit G. ist hat Bestand 16, 96

- s. Worte sind unerschöpflich 18, 109; 31, 27
- Ungläubige können Gott nicht schaden 47, 32
- Beschreibung der Ungläubigen 50, 24-26; 92, 17-21
- seine wahren Diener 25, 63-76
- Anspruch besonderer Gottesnähe zurückgewiesen 62, 6
- so Gott will 18, 23-24
Gotteslästerung
- Gott einen Sohn zugesellen 19, 88-92
Haman 28, 6, 38; 29, 39; 40, 36-37
Himmel, Gärten in Gottes Nähe, fließende Bäche, ewige Heimat 3, 15, 198
- geläuterte Gattinnen 4, 57
- für rechtes Handeln das Paradies als Lohn 4, 124
- die glauben gehen in Gärten ein 4, 122
- keine Gehässigkeit in ihrem Innern 7, 43
- Gott verspricht Barmherzigkeit, Wohlgefallen, Gärten, beständige Wonne 9, 21-22
- Gärten, Wohnungen, wohlgefallen Gottes .. 9, 72
- Gärten, Quellen, Sicherheit, Frieden, keine Gehässigkeit mehr, Keine Mühsal 15, 45-48
- Gärten von Eden, Bäche, Armringe, Throne 18, 31; 22, 23
- Gärten von Eden, kein leeres Gerede, Unterhalt 19, 61-63
- Gärten der Einkehr 32, 19
- Gärten von Eden, Armringe, ohne Sorgen, ohne Mühsal u. Ermüdung 35, 33-15
- Wohlsein, liegen mit Gattinnen im Schatten auf Ruhebetten, alles wonach sie verlangen, Heil 36, 55-58

— köstliche Früchte, Ehre, Gärten der Wonne; Sessel, Becher, sittsame Frauen.................37, 41-49
— eine schöne Einkehr, Gärten von Eden, Behaglichkeit, Früchte u. erfrischendes Getränk, sittsame Frauen..................38, 49-52
— Obergemächer, fließende Bäche............39, 20
— Wohnung der Gottesfürchtigen, Engel umgeben singend d. Thron ... 39, 73-75
— in den Paradiesgärten alles gewünschte erhalten......................42, 22
— keine Angst vor dem Gericht, mit den Gattinnen s. in den Gärten ergötzen, Schüsseln aus Gold u. Becher, dort ewig sein, euch zum Erbe....................43, 68-73
— sicherer Standort, Gärten, Quellen, Schmuck, Gattinnen, Früchte, kein Tod mehr, das höchste Glück...................44, 51-57
— Bäche mit Wasser, mit Milch, mit Wein, mit gefiltertem Honig.......47, 15
— Heil, erhalten mehr, als sie sich wünschen.......50, 31-35
— Gärten, Wonne, Essen, Trinken, behaglich in Sesseln, Gefährtinnen, Familie, gut versorgt....52, 17-24
— Gärten und Bäche, auf gutem Sitzplatz bei einem mächtigen König. 54, 54-55
— Gärten, Quellen, Früchte, liegen auf Teppichen, sittsame weibliche Wesen...............55, 46-77
— stehen Gott nahe, Gärten, auf durchwobenen Betten, junge Knaben bedienen, Früchte, Fleisch, Gefährtinnen (Huris), keine unbedachte Rede, nichts Sündhaftes 56, 11-38
— für die, d. Gott nahestehen, eine kühle Brise, duftende Kräuter u. ein Garten der Wonne, Heil 56, 88-91
— den Gläubigen eilt Licht voran, Gärten, Bäche, großes Glück............57, 12
— angenehmes Leben in hochgelegenen Gärten. Früchte.................69, 21-24
— Becher, nie versiegende Quellen..................76, 5-6
— Gärten, Schmuck, Kleider aus Seide, Ruhebetten, keine Sonnenhitze oder schneidende Kälte, Schatten, Becher, Gläser, Quelle. Knaben bedienen, Wonne, Herrlichkeit 76, 5-22
— für Gottesfürchtige: Gärten, Gefährtinnen, Becher, kein leeres Gerede 78, 31-35
— Paradies: Ort der Einkehr 79, 41
— auf Ruhebetten, Glückseligkeit der Wonne auf ihrem Gesicht, edler Wein, Quellwasser......83, 22-28
— lebensfrohe Gesichter, bei denen, die eifrig waren in guten Werken, hochgelegene Gärten, kein leeres Gerede, fließende Quelle, gepolsterte Sessel 88, 8, 16
— im Glauben Ruhe gefunden, kehre zu Gott zurück ins Paradies 89, 27-30
— als Lohn: Gärten von Eden, Gott hat Wohlgefallen an ihnen, sie an ihm 98, 8
— tritt ein in mein Paradies 89, 30

Hölle
— die Ungläubigen werden im Feuer schmoren 4, 56
— es nützt nichts, im Leben Geld u. Gut zusammenzuraffen......7, 48
— die Religion als Zerstreuung betrachten, vom diesseitigen Leben betört sein...............7, 51

- mit Dschinn u. Menschen anfüllen 11, 119
- trinken eitriges Wasser . 14, 16-17
- der Tod kommt, aber er stirbt nicht 14, 17
- Sünde in Fesseln, Kleider aus Pech, Gesichter von Höllenfeuer bedeckt 14, 49-50
- Kleider aus Höllenfeuer, kochendes Wasser, Stöcke aus Eisen 22, 19-22
- einen Feuerbrand bereitet. 25, 11-12
- Sünder aneinander gebunden, schreien wiederholt ach u. weh 25, 13-14
- die Verdammten werden immer wieder ins Feuer gestoßen 32, 20
- den Menschen immer wieder angedroht 36, 63
- d. Zaqqum-Baum, kochendes Wasser 37, 62-67; 44, 43-48; 56, 52-55
- in der Hölle schmoren, kochendes Wasser 38, 55-58
- in Scharen der Hölle zugeführt, die noch vorher gewarnt Quartier für die Hochmütigen 39, 71-72
- Streit unter d. Verdammten 40, 47-50
- ewig in d. Hölle, Strafe nicht verkürzt, große Verzweiflung 43, 74
- nicht Gott, die Sünder haben gefrevelt 43, 76
- Hölle kann unbegrenzt aufnehmen 50, 30
- ihr ruft mich zum Höllenfeuer (Unglauben) ... 40, 41
- in sengende Glut, heißem Wasser, im Schatten von schwarzem Rauch 56, 42-44
- hören die Hölle laut aufheulen in Wallung geraten 67, 6-8
- dem seine Schrift in d. Linke gegeben, vergebliche Reue 69, 25-29

- greift ihn, fesselt ihn, laßt ihn schmoren 69, 30-37
- die Hitze läßt nichts übrig bleiben, verschont nichts, versengt die Haut 74, 26-29
- 19 Wärterengel 74, 30-31
- sie liegt auf der Lauer, Heimstatt für übergroße Frevler, dort für unabsehbare Zeit, keine Kühle, kein Getränk, nur heißes Wasser und Eiter 78, 21-25
- am Tag, da der Höllenbrand allen, die sehen können, vor Augen gestellt wird 79, 35-39
- an jenem Tag in d. Hölle brennen 83, 14-16
- an jenem Tage: unterwürfige Gesichter, brennen im glühenden Feuer, trinken aus siedender Quelle, Speise: Dornen 88, 2-7
- wenn die Hölle herbeigebracht wird, dann läßt sich d. Mensch mahnen, Bestrafung, Fesseln 89, 23-26
- die Zermalmende, das Feuer Gottes 104, 4-9
- sie werden weder sterben noch leben 20, 74; 87, 13
- sieben Tore 15, 44
- solange Himmel u. Erde währen 11, 107
- zur Hölle bestimmt 19, 71; 102, 6

Jenseits
- es gibt wirklich ein Jenseits 6, 31
- die Menschen werden ihrem Herrn begegnen .. 6, 31
- jenseitige Wohnstätte .. 6, 31
- die Strafe Gottes 6, 40, 41; 12, 107
- Wohnstätte des Heils ... 6, 127
- den Frevlern wird die letzte Behausung nicht zuteil 6, 135
- die Propheten u. deren Völker werden einst zur Rechenschaft gezogen .. 7, 6

- die Taten werden gewogen 7, 8-9
- keine Fürsprache für die, die ungehorsam waren 7, 53
- Hölle und Paradies sind ewig, es sei, Gott will es anders 11, 107-108
- die Hochmütigen und die Schwachen 14, 21
- die Frevler werden um Aufschub bitten 14, 44-46
- Heimat für die Gottesfürchtigen 28, 83, 29, 64; 43, 33-35
- von Menschen bezweifelt 50, 12-14
- besser als das Diesseits . 93, 4

Hud 7, 65-72; 11, 50-60; 26, 123-140, 46, 21-26

Iblis s. Satan 3, 34; 7, 11-18; 15, 31-44; 17, 61-65; 18, 50; 20, 116-123; 38, 71, 85

Ibrahim s. Abraham

Idris 19, 56-57; 21, 85

Imram, Sippe 3, 35

Isaak 6, 84; 21, 72; 37, 112-113

Islam 6, 14, 163, 39, 12

- die Ersten 9, 10
- denen Gott die Brust weitet 39, 22
- den Islam annehmen, kein Verdient 49, 17

Ismail 2, 125-129; 6, 86; 19, 54-55; 21, 85

Israel, Kinder J. 2, 40-86

- gedenket der Gnade 2, 47-53; 2, 60, 122; 45, 16-17
- sind verstockt 2, 54-59; 2, 75-79, 61, 63-74; 7, 138-141
- Verhältnis zu d. Muslimen 2, 75-79
- Überheblichkeit 2, 80, 88, 91

- Einhalten u. Nichteinhalten ihrer Verpflichtungen 2, 83, 86, 93, 100; 5, 13-14, 73
- hängen am diesseitigen Leben 2, 96
- verlangen einen König .. 2, 246-251
- Gehorsame u. Frevler ... 7, 161-171
- zweimal Unheil anstiften 17, 4-8
- durch Gott vom Feind errettet 20, 80-82
- Gott gab Schrift u. Führer 32, 23-25; 40, 53-54
- die Gelehrten d. Wahrheit d. koranischen Offenbarung erkennen .. 26, 197

Jakob 2, 132-133; 6, 84; 19, 49; 21, 72

Jesus 6, 85

- ein rechtgeleiteter Prophet 3, 45-47; 19, 22-33
- Geburt 3, 45-47;, 19, 22-33
- Gesandter an d. Juden .. 3, 49-51
- seine Jünger 3, 52, 53; 5, 114-118
- wird abberufen 3, 55-58; 4, 157-159
- wie Adam 3, 59
- nicht gekreuzigt 4, 157
- nur ein Gesandter 4, 171; 5, 78; 43, 59, 64-65
- nicht Gott 5, 19, 75
- Schrift an ihn gesandt ... 5, 49
- nicht Sohn Gottes 9, 30
- Botschaft u. Wunder 5, 113; 19, 30-33
- dient Gott, meinem u. eurem Herrn 5, 117
- Bitte um einen Tisch vom Himmel 5, 114
- bei seinen Jüngern: Milde, Barmherzigkeit u. Mönchstum 57, 27
- Jünger: Helfer Gottes ... 61, 14
- Zeichen Gottes 23, 50; 43, 61
- verkündet einen Gesandten Ahmad 61, 6

151

Job (Hiob) 6, 84; 21, 83-84; 38, 41-44
Johannes (d. Täufer) .... siehe Yahya
Jona (Jonas, Yunus) 4, 163; 6, 86; 10, 98; 37, 139-148
(Zun-nun) 21, 87; 68, 48-50
Joseph 6, 84
— seine Geschichte 12, 4-101
Juden
— hören auf Lügen 5, 44-45
— in Sünde und Übertretung 5, 62
— den Gläubigen am feindlichsten 5, 85
— und Christen 2, 140; 4, 153-161, 171; 5, 20
siehe auch Israel, Kinder J.
Kaaba
— von Abraham errichtet . 2, 125, 127
— für Gebet u. Kulthandlungen 5, 97-99
Kampf
— um Gottes Willen 2, 190-193, 4, 84
— vorgeschrieben 2, 216; 2, 244
— im heiligen Monat 2, 217
— der Kinder Israels 2, 246-251
— um Gottes Willen und für Unterdrückte 4, 74-76
— bis nur noch Gott verehrt wird 8, 39
— gegen eine Übermacht .. 8, 65
— gegen Heiden und Feinde des Gesandten .. 9, 5-6; 12, 13, 16
— die, die nicht glauben und die Wahrheit zurückweisen 9, 29
— hart kämpfen 9, 123
— denen Unrecht getan, sollen kämpfen 22, 39-41
— bis wann zu kämpfen ist. 47, 4
— die im Herzen krank sind 47, 20
— Befreiung vom Kriegsdienst 48, 17
Maria, Mutter Jesu
— Geburt 3, 35-37
— Ankündigung d. Geburt Jesu 3, 42, 51; 4, 156; 19, 16-21

— Geburt Jesu 19, 23-26
— bringt das Kind ihren Leuten 19, 27-33
— hielt sich keusch 21, 91; 66, 12
Licht
— offenkundiges 4, 174
— u. Finsternis v. Gott geschaffen 6, 1
— einer Nische zu vergleichen 24, 35-36
— eilt den Gläubigen voran 57, 12-15; 66, 8
— G. macht euch ein Licht. 57, 28; 83, 15
Lut (Lot) 6, 86; 7, 80-84; 11, 77-83; 15, 57-77; 21, 74-75; 26, 160-175; 27, 54-58; 29, 26, 28-35; 37, 133-138; 51, 31-37; 54, 33-39
— s. ungehorsame Frau 11, 81; 15, 60; 66, 10
Märtyrer
— sie sind nicht tot 2, 154; 3, 169
— froh über Gottes Gnade u. Huld 3, 170-171
— empfangen Vergebung u. Barmherzigkeit 3, 157-158
— erhalten einen schönen Unterhalt 22, 58-59
Mekka, Bakka 3, 96
— Schwur bei d. Ort 90, 1-4; 95, 3
— gefordert nur, was jeder tragen kann 2, 286; 7, 42; 23, 62
Mensch, Nachfolger (Kalif) Stellvertreter 2, 30; 6, 165
— von Gott geprüft 2, 155; 3, 186; 47, 31; 57, 25
— was Menschen lieben ... 3, 14
— Pflichten 4, 1, 36; 17, 23-39; 29, 8-9; 30, 38; 31, 33; 46, 15; 70, 22-35
— muß sich verantworten . 3, 30; 74, 38

— aus Lehm geschaffen eine Frist gesetzt 6, 2; 15, 26
— zur Rechenschaft gezogen 6, 44
— wird zu Gott zurückkehren 6, 60, 72; 10, 45-46
— Verlegenheit der Frevler im Gericht 6, 93-94
— schmieden gegen sich selbst Ränke 6, 123; 10, 44
— für sich selbst verantwortlich 6, 164
— undankbar 7, 10; 36, 45-47; 74, 15-25; 100, 1-8
— vor Satan gewarnt 7, 27
— kennt Gott, lehnt ihn aber ab 7, 172-175
— Familie, Mann, Frau, Kind 7, 189, 190
— wenn Gott wollte, würden alle gläubig werden. 10, 99
— Verhalten in Wohlergehen u. Bedrängnis 10,12; 11, 9-11; 16, 53-55; 17, 67-70; 29, 10, 65-66; 30, 33-34; 31, 32; 39, 8, 49; 41, 49-51; 42, 48; 89, 15-16
— Gottes Geist eingeblasen 15, 29
— niedriger Ursprung, aber von Gott gesegnet . 16, 4-8, 32, 7-9; 35, 11; 36, 77-78; 76, 1-3; 77, 20-24; 80, 17, 32; 86, 5, 8; 96, 2-5
— erhält gerechten Lohn .. 16, 111
— bittet um Gutes und Unheil 17,11
— hat es zu eilig 17, 11
— das Schicksal eines jeden an s. Hals befestigt 17, 13
— muß sterben 21, 35
— wird nach seinen Tagen gerichtet 17, 17, 71
— körperliche Entwicklung 22, 5; 23, 12-14; 40, 67
— Tod und Auferstehung . 23, 15-16
— Zunge, Hände, Füße zeugen gegen ihn 24, 24
— aus Wasser geschaffen .. 25, 54
— Gemeinschaft von Bluts- und angeheirateten Verwandten 25, 54
— soll sich Gott unterwerfen . 31, 22
— keine zwei Herzen i.d. Brust 33, 4
— soll Gott dienen 39, 64-66
— Unglück als Strafe 42, 30
— führen Buch 50, 17-18, 23
— Wohlergehen hängt von Gott ab 56, 57-74
— Auferstehung in neuer Gestalt 56, 60-61
— Vermögen und Familie sind eine Versuchung ... 64, 14-15
— geschaffen aber wenig dankbar 67, 23, 24; 74, 12-15
— kleinmütig, ängstlich 70, 19-21
— ausgenommen die Gehorsamen 70, 22-35
— ist Beweis gegen sich selber 75, 14-15
— ist anmaßend 75, 31-40; 90, 5-7
— liebt das dahineilende (diesseitige) Leben 76, 27
— zur Undankbarkeit verführt 82, 6-12
— mit seinem Bemühen dem Herrn zustrebt 84, 6
— wird eine Etappe nach der anderen im Gericht durchlaufen 84, 16-19
— ist ungehorsam 89, 17-20
— kehrt in Paradis ein 89, 27-30
— zum Mühsal erschaffen . 90, 4
— hat Wahlmöglichkeiten . 90, 8-10
— das Streben ist unterschiedlich 92, 4-11
— in bester Form geschaffen 95, 4
— haben ihn heruntergekommen lassen, ausgenommen, die glauben 95, 5-6
— ist aufsässig in s. Selbstherrlichkeit 96, 6-14
Menschheit
— eine Gemeinschaft 2,213; 10, 19
— aus einem Wesen erschaffen 4, 1; 39, 6; 49, 13

– verübt zu Unrecht
  Gewalttaten 10, 23
– die Abrechnung ist
  nahe, aber er wendet
  sich ahnungslos ab 21, 1-3
– die natürliche Art, in
  der Gott die Menschheit
  geschaffen hat: Religion. 30, 30
– der Angesehenste ist der
  Frömmste 49, 13

Moses
– sein Volk 2, 51-61
– ermahnt seine Leute 5, 23-29
– von Gott geleitet 6, 84
– und Pharao 7, 103-137;
                           10, 75-92;
                           11, 96-99;
                           17, 101-103;
                           20, 42-53,
                           56-79; 23,
                           45-49; 25,
                           35-36; 26,
                           10-69; 28,
                           4-21, 31-42;
                           40, 23-46;
                           43, 45-56;
                           51, 33-40;
                           79, 15-26
– bekämpft den Götzen-
  dienst 7, 138-141
– erkennt am Sinai Gottes
  Größe 7, 142-145
– tadelt die Verehrer d.
  Kalbes 7, 148-156
– sein Volk 7, 159-162
– das Buch, Zweifel, Streit 11, 110
– das Volk Geduld u.
  Dankbarkeit zu lehren .. 14, 5-8
– neun deutliche Zeichen . 7, 133; 17,
                           101
– wie die beiden Wasser
  zusammenkommen 18, 60-82
– sein guter Ruf 19, 51-53;
                           20, 9-56; 28,
                           29-35
– seine Kindheit, Mutter,
  Schwester 20, 38-40;
                           28, 7-13
– bekehrt die ägypt. Zau-
  berer 20, 70-73;
                           26, 46-52
– unwillig über die Vereh-
  rer d. Kalbes 20, 86-98
– und das Feuer 27, 7-14; 28,
                           29-35

– erschlägt einen Mensch-
  en 28, 14-21
– in Madyan 28, 22-28
– ihn, Aaron u.d. Volk aus
  Bedrängnis errettet 37, 114-122
– Inhalt der Offenbarung
  Texte d. Mose 53, 36; 87,
                           19
– von seinem Volk verlas-
  sen 61, 5

Muhammed
– Auftrag 7, 158; 48,
                           8-9
– nur ein Gesandter 3, 144
– milde 3, 159
– Gottes Wohltat 3, 164; 4,
                           170
– ihm wird Leid zugefügt . 9, 61
– von Gott gesandt, um
  allen Menschen Barm-
  herzigkeit zu erweisen .. 21, 107
– gesandt als Erweis gött-
  licher Barmherzigkeit ... 28, 46-47;
                           33, 45-48;
                           36, 6; 42, 48;
                           72, 20-23,
                           27-28; 76,
                           24-26
– sein Auftrag 3, 164; 4, 70-
                           71; 6, 107; 7,
                           156-157; 10,
                           2; 52, 29-34,
                           74, 1-7
– nicht verrückt oder
  besessen 7, 184; 68, 2;
                           81, 22
– Warner 7, 184, 188;
                           15, 89; 53,
                           56-62;
– bemüht um d. Gläubigen 9, 128
– seine Worte offenbart ... 10, 15-16
– Inhalt seiner Lehre 11, 2-4; 12,
                           108; 34, 46-
                           50
– bringt die ganze Offen-
  barung 11, 12-14;
                           46, 9
– Gott ist Zeuge für sei-
  nen Gesandten 13, 43; 29,
                           52; 46, 8
– durch Menschen
  bedrückt u. betrübt 15, 97; 16,
                           127; 18, 6;
                           25, 30

— in Weisheit u. guter Ermahnung die Menschen rufen 16, 125-128
— Mensch, dem Offenbarung eingegeben 18, 110; 53, 2-18
— verspottet 25, 41-42; 34, 7-8
— erwartet keinen Lohn ... 25, 57; 34, 47; 38, 86; 42, 23
— der Auftrag 27, 91-93; 30, 30
— seine Frauen 33, 28-34, 50-52, 53, 55, 59; 66, 1, 3-6
— den Gläubigen nahe 33, 6
— ein gutes Vorbild den Gläubigen 33, 21
— Siegel der Propheten 33, 40
— Verkünder froher Botschaft u. Warner 34, 28
— ihm huldigen heißt Gott huldigen 48, 10, 18
— Gesandter Gottes 48, 29
— ihm nicht zuwiderhandeln 58, 20-22
— von Jesus angekündigt .. 61, 6
— und von Moses 46, 10
— mit Rechtleitung u. Religion d. Wahrheit gesandt 61, 9
— ungelehrt 7, 157; 62, 2
— aus der Finsternis ins Licht geführt 65, 11
— hart gegen die Ungläubigen 66, 9
— gewichtiger Charakter .. 68, 4
— kein Dichter, kein Wahrsager 69, 40-43
— Gebet 73, 1-8, 20
— Zeuge über euch 73, 15-16
— und d. blinde Mann 80, 1-10
— sah den Engel d. Offenbarung 53, 4-18; 81, 23-25
— der gereinigte Blätter verliest 98, 2

Noah 6, 84; 7, 59-64; 10, 71-73; 11, 25-49; 21, 76-77; 23, 23-30; 25, 37; 26, 105-122; 29, 14-15; 37, 75-82; 51, 46; 54, 9-15; 64, 11-12; 71, 1-28
— der ungehorsame Sohn wird nicht gerettet 11, 45-47
— die ungläubige Frau 66, 10
Offenbarung
— wenn an O. im Zweifel .. 2, 23
— an Moses u. Jesus 2, 87
— einen Vers tilgen oder in Vergessenheit geraten lassen 2, 106
— der rechten Leitung 3, 73
— nach dem urteilen, was J. als O. gesandt hat 5, 46-50
— in ihr sichtbare Beweise, Rechtleitung und Barmherzigkeit 7, 2, 203
— einen Vers durch einen anderen ersetzen 16, 101
— herabgesandt vom Geist d. Heiligkeit mit der Wahrheit 16, 102-103; 26, 192-199
— vortragen (rezitieren) ... 96, 1
— herabgesandt vom barmherzigen Gott 41, 2-4, 2-8; 69, 50-51; 81, 15-21
Propheten 2, 253
— Gott schickte immer wieder Propheten 3, 33-34; 4, 163-165; 5, 21; 6, 84-90; 23, 23-50; 57, 26-27
— Gott nimmt ihre Verpflichtung entgegen 3, 81; 33, 3-8
— dürfen nichts von der Beute veruntreuen 3, 161
— finden kein Gehör 3, 184; 6, 34; 25, 37; 34, 45; 51, 52-55
— werden getötet 3, 183
— die deren Gesandten glauben/nicht glauben .. 4, 150-152

— Wunder von ihnen
  gefordert 5, 112
— werden verspottet 6, 10; 13, 32;
  15, 11; 21, 41
— als Verkünder und War-
  ner gesandt 6, 48, 131;
  14, 4-6
— haben Feinde 6, 112; 25, 31
— ihre Zeichen für Lüge
  erklärt 7, 35-36
— jede Gemeinschaft hat
  einen Gesandten 10, 47; 16, 36
— auch sie haben Familien . 13, 38
— Menschen, aber recht
  geleitet 14, 10-12;
  16, 43-44;
  17, 94-95;
  21, 7-8; 25,
  7-8, 20
— verfolgt und bedroht 14, 13
— als Zeugen gegen ihre
  Gemeinschaft 16, 89
— Mose, auserwählt,
  Gesandter, Prophet 19, 51
— in einer Gemeinschaft .. 23, 52-54
— manche namentlich
  bekannt, manche nicht .. 40, 78

Qur-an
— von Gott offenbart 4, 82; 6, 19
— er steht dahinter 2, 23; 10, 38;
  11, 13
— eindeutig, Urschrift, und
  mehrdeutig (allegorisch) 3, 7; 11, 1
— Gott als Zeuge 6, 19
— Offenbarung Gottes 6, 92; 17,
  105-107; 27,
  6; 45, 2
— folgt d. von Gott herab-
  gesandten Schrift 6, 155
— hört bei Verlesung zu
  und seid still 7, 204-206
— ein weises Buch 10, 1; 31, 2;
  36, 2
— ein arabischer Koran 12, 2; 13, 37;
  41, 44; 42, 7;
  43, 30
— s. Wirkung 13, 31, 36-
  37; 14, 1; 56,
  77-80
— stellt die Dinge klar 15, 1; 25, 33;
  26, 2; 27, 1;
  28, 2; 36, 69-
  70; 43, 2
— die ihn aufteilen 15, 91
— gesandt zur Verdeutli-
  chung und Rechtleitung. 16, 64-65
— in reinem Arabisch 16, 103
— leitet zum Rechten, verkündet Lohn u. Strafe ... 17, 9-10
— scheidet zwischen Gläu-
  bigen und Ungläubigen . 17, 45-47
— Quell des Trostes,
  Erweis d. Barmherzig-
  keit 17, 82
— in ihm verschiedene
  Gleichnisse dargelegt ... 17, 89; 18,
  54; 39, 27
— herabgesandt, darin
  nicht Kummer 18, 1-2
— d. Gläubigen zu warnen
  u. ihnen Lohn zu ver-
  künden 18, 2-4; 19,
  97; 20, 27;
  26, 210-220
— Gott hat ihn leicht
  gemacht in deiner Spra-
  che 19, 97; 44,
  58; 54, 17,
  22, 32, 40
— nach und nach offenbart 17, 106; 25,
  32; 76, 23;
  87, 6-7
— d. meine Landsleute für
  etwas halten, was gemie-
  den werden muß 25, 30
— erzählt d. Kinder Israels,
  worüber diese uneinig .. 27, 76
— trage ihn vor 73, 4
— und bete 29, 45
— besteht aus klaren Zei-
  chen, die überzeugen ... 29, 47-49, 51
— Rechtleitung u. Barm-
  herzigkeit 31, 3
— für die Frommen ist d.
  die Wahrheit von Gott
  die beste Botschaft 32, 3; 35, 31
— Buch mit gleichartigen,
  s. wiederholenden Ver-
  sen 39, 23
— zur Rechtleitung
  gesandt 39, 41; 80,
  11-12
— nichts Unwahres kommt
  an die gewaltige Schrift
  heran 41, 42

— die gleiche Botschaft auch an frühere Propheten 41, 43; 43, 44-45
— keinen weltlichen Machthaber gesandt 43, 31-32
— versuchen nicht, ihn zu verstehen 47, 24
— mahnen mit dem Koran. 50, 45
— G. hat den Koran gelehrt 55, 1-2
— ihn demütig empfangen. 59, 21
— die ihn richtig lesen, glauben daran 2, 121
— in der Urschrift bei Gott auf Blättern, d. in Ehren gehalten werden, in d. Händen von Engeln 80, 13-16
— Mahnung für die Menschen in aller Welt 81, 26-29
— Ungläubige halten die Botschaft für Lüge 84, 20-25
— ein preiswürdiger K. auf wohlverwahrter Tafel ... 85, 21-22

Religion
— kein Zwang 2, 256
— der Islam 3, 19-20, 83, 84
— keine Übertreibungen, über Gott nur Wahrheit. 4, 171
— heute vervollkommnet .. 5, 3
— nicht Spiel u. Zerstreuung 6, 70
— nicht in Gruppen aufteilen 6, 159; 30, 32
— mit ihr nichts auferlegt, was bedrückt 22, 78
— ist Schöpfung Gottes 30, 30
— euch wie den Propheten zuvor verordnet 42, 13-15
— eine richtige Richtung in ihr festlegen 45, 18

Sabier 22, 17
Salih 7, 73-79; 11, 61-68; 26, 141-159; 27, 43-53
Salomon 2, 102; 6, 84; 21, 79, 81-82; 27, 15-44; 34, 12-14; 38, 30-40
— im Tal der Ameisen 27, 18-19
— und der Wiedehopf 27, 22-26
— und die Königin von Saba 27, 22-44
Samiri 20, 85, 95-97
Satan (Iblis)
— Wein, Glückspiel, Opfersteine u. Lospfeile sein Werk 2, 36; 4, 117-120; 24, 2, 5, 91
— von ihm aufgestachelt z. Bosheit bei Gott Zuflucht suchen 7, 200-201
— läßt Handlungen im schönsten Licht erscheinen 8, 48
— keine Vollmacht über seine Gefolgsleute 14, 22
— vor jedem gesteinigten Satan bewahrt 3, 36; 15, 17, 34; 16, 98
— keine Vollmacht über Gläubige 16, 99-100
— schiebt den Gesandten etwas unter, Gott tilgt ... 22, 52-53
— ist euch Feind 35, 6; 36, 60

Schöpfung
— Anfang u. Wiederholung 10, 4; 27, 64; 29, 19-20
— neue S 13, 5; 14, 48; 17, 49, 98; 21, 104; 35, 16
— in Wahrheit erschaffen .. 15, 85; 16, 3; 44, 39; 45, 22; 46, 3
— s. gehorcht Gott 16, 48, 50
— nicht zum Zeitvertreib .. 21, 16-17
— S. d. Menschen 23, 12-14
— in 6 Tagen 7, 54; 32, 4; 57, 4
— Vielfalt 35, 27-28
— Gott befiehlt 2, 117; 16, 40; 36, 82; 40, 68
— S. d. Himmel und der Erde größer als d. d. Menschen 40, 57; 79, 27
— S. d. Menschen u. d. Dschinn, Sinn 51, 56-58

Shuaib 7, 85-93; 11, 84-95; 19, 36-37

- Sünde/Sünder........... 4, 30-32, 36-39, 107-112, 116; 7, 100-102; 10, 54; 74, 43-48
- Frevler wurden ausgerottet 6, 45
- Sünde findet Vergeltung 6, 120
- bringt Zerstörung 7, 4-5; 77, 16-19
- üble Folgen.............. 10, 17
- ihr Gehör, Gesicht und Haut legen gegen sie Zeugnis ab 23, 66-77; 26, 200-209; 83, 29-36; 41, 20-23
- nicht den Gottergebenen gleichzusetzen 68, 35-41
- Gott vergibt 39, 53

Tod
- nach Gottes Erlaubnis .. 4, 145
- unvermeidlich............ 3, 185; 4, 78
- als Strafe der Frevler.... 6, 93-94
- Engel berufen die Ungläubigen ab 8, 50-54
- im Tod wird dieser nicht sterben 14, 17; 20, 74; 87, 13
- für die Übeltäter 16, 28-29
- die Gottesfürchtigen ... 16, 30-32
- jeder muß sterben....... 3, 185; 21, 35; 29, 57
- ein erster Tod 37, 59
- nicht d. Ende aller Dinge......................... 45, 24-26
- nach d. T. in einem neuen Zustand 56, 60-61
- Mensch im Sterben 56, 83-87; 75, 26-29
- nicht d. Tod fliehen 62, 6-8

Tote werden z. Leben erweckt..................... 6, 36

Übel 4, 51-55, 123; 10, 27-30; 26, 221-226; 42, 36-39
- kommt von uns, doch das Gute von Gott 4, 79
- macht aus Menschen Narren 6, 71
- findet gerechten Lohn .. 6, 160

- die Frevler kommen zu schlimmem Ende 30, 10; 59, 15-17
- Übel mit Gutem abwehren...................... 13, 22; 23, 96; 41, 34

Ungläubige 2, 6-7, 165-167; 3, 4, 10, 12, 21-22, 90-91, 116, 181-184; 4, 136, 137, 167-168
- können sich vom Gericht nicht freikaufen. 5, 39-40
- folgen dem Weg der Vorfahren 5, 107
- schon früher von Gott bestraft 6, 6
- bitten, einen Engel auf Moh. herabzusenden .. 6, 8-9
- die sich selbst belügen .. 6, 24
- die Wahrheit im Jenseits erfahren 6, 28-30
- in Widersetzlichkeit verharren 6, 110
- der Torheit verfallen.... 6, 113
- schmerzhafte Pein als Folge ihres Verhaltens . 64, 5-6
- ihre Verehrung zurückgewiesen................. 109, 1-6
- die den Bund Gottes, d. Glauben und ihre Eide billig verkaufen 3, 77, 177
- in Kampf u. Gefahr gestärkt................... 3, 173
- Gl. gefolgt v. Ungl. 16, 106-109
- Gl. und Spenden 57, 7-11
- Vergeltung der guten und bösen Taten 6, 132

Welt, diesseitige
- Spiel und Zerstörung ... 6, 32; 29, 64; 47, 36; 57, 20
- betört den Menschen ... 6, 130
- das Jenseits wichtiger ... 9, 38-39; 13, 26; 28, 60-61
- ihre Anhänger erhalten ihren Lohn schon im Diesseits................. 11, 15-17; 17; 18; 42, 20
- von Menschen geliebt... 75, 20-21; 76, 27

— Yahya (Johannes d.
Täufer)
— Geburt 3, 39; 6, 85
— sein Charakter 19, 12-15
— s. Familie: Gott demütig
ergeben................... 21, 90
Zakariya.................... 3, 37-41; 6,
85; 19, 2-11;
2, 90
Zyzyphusbaum............. 34, 16; 53,
14-18; 56, 28

FÜR TÜRKEIFREUNDE

Th. Allom
ISTANBUL und der BOSPORUS
Zweifarbige Reproduktionen des bekannten
Stahlstichwerkes von 1830. Einführung K. Hörner
96 Abb., geb., DM 84,-

Börte Sagaster
Im Harem von Istanbul
Osmanische türkische Frauenkultur im 19. Jahrhundert

Aus dem Inhalt:
- Das osmanische Reich
  in der 2. H. des 19. Jahrhunderts
- Die Struktur des Harems
- Die Sklavinnen,
  die schwarzen Eunuchen
- Frauenleben im Harem
- Männerleben
- Religiöse Feste. Hochzeiten.
  Musik. Tanz. Ausflüge
- Auszüge aus dem Tagebuch
  der Leyla Saz.

160 Seiten, geb., DM 28.80.

E.B.-Verlag Rissen
Iserbarg 1 · 2000 Hamburg 56 · Tel. 040/81 90 21 23